U0493561

杭州优秀传统文化丛书
Hangzhou Youxiu Chuantong Wenhua Congshu

来往亦风流

杜清雨 著

杭州出版社

图书在版编目（CIP）数据

来往亦风流 / 杜清雨著 . -- 杭州：杭州出版社，2022.1
（杭州优秀传统文化丛书）
ISBN 978-7-5565-1698-8

Ⅰ . ①来… Ⅱ . ①杜… Ⅲ . ①文化—名人—生平事迹—杭州 Ⅳ . ① K825.4

中国版本图书馆 CIP 数据核字（2021）第 277196 号

Laiwang Yi Fengliu

来往亦风流

杜清雨 著

责任编辑	朱金文
装帧设计	章雨洁
美术编辑	祁睿一
责任校对	魏红艳
责任印务	姚 霖
出版发行	杭州出版社（杭州市西湖文化广场32号6楼）
	电话 0571-87997719　邮编：310014
	网址：www.hzcbs.com
排　　版	浙江时代出版服务有限公司
印　　刷	天津画中画印刷有限公司
经　　销	新华书店
开　　本	710 mm×1000 mm　1/16
印　　张	12.25
字　　数	155千
版 印 次	2022年1月第1版　2022年1月第1次印刷
书　　号	ISBN 978-7-5565-1698-8
定　　价	55.00元

（版权所有　侵权必究）

序 言

文化是城市最高和最终的价值

我们所居住的城市，不仅是人类文明的成果，也是人们日常生活的家园。各个时期的文化遗产像一部部史书，记录着城市的沧桑岁月。唯有保留下这些具有特殊意义的文化遗产，才能使我们今后的文化创造具有不间断的基础支撑，也才能使我们今天和未来的生活更美好。

对于中华文明的认知，我们还处在一个不断提升认识的过程中。

过去，人们把中华文化理解成"黄河文化""黄土地文化"。随着考古新发现和学界对中华文明起源研究的深入，人们发现，除了黄河文化之外，长江文化也是中华文化的重要源头。杭州是中国七大古都之一，也是七大古都中最南方的历史文化名城。杭州历时四年，出版一套"杭州优秀传统文化丛书"，挖掘和传播位于长江流域、中国最南方的古都文化经典，这是弘扬中华优秀传统文化的善举。通过图书这一载体，人们能够静静地品味古代流传下来的丰富文化，完善自己对山水、遗迹、书画、辞章、工艺、风俗、名人等文化类型的认知。读过相关的书后，再走进博物馆或观赏文化景观，看到的历史遗存，将是另一番面貌。

过去一直有人在质疑，中国只有三千年文明，何谈五千年文明史？事实上，我们的考古学家和历史学者一直在努力，不断发掘的有如满天星斗般的考古成果，实证了五千年文明。从东北的辽河流域到黄河、长江流域，特别是杭州良渚古城遗址以 4300—5300 年的历史，以夯土高台、合围城墙以及规模宏大的水利工程等史前遗迹的发现，系统实证了古国的概念和文明的诞生，使世人确信：这里是古代国家的起源，是重要的文明发祥地。我以前从来不发微博，发的第一篇微博，就是关于良渚古城遗址的内容，喜获很高的关注度。

我一直关注各地对文化遗产的保护情况。第一次去良渚遗址时，当时正在开展考古遗址保护规划的制订，遇到的最大难题是遗址区域内有很多乡镇企业和临时建筑，环境保护问题十分突出。后来再去良渚遗址，让我感到一次次震撼：那些"压"在遗址上面的单位和建筑物相继被迁移和清理，良渚遗址成为一座国家级考古遗址公园，成为让参观者流连忘返的地方，把深埋在地下的考古遗址用生动形象的"语言"展示出来，成为让普通观众能够看懂、让青少年学生也能喜欢上的中华文明圣地。当年杭州提出西湖申报世界文化遗产时，我认为是一项需要付出极大努力才能完成的任务。西湖位于蓬勃发展的大城市核心区域，西湖的特色是"三面云山一面城"，三面云山内不能出现任何侵害西湖文化景观的新建筑，做得到吗？十年申遗路，杭州市付出了极大的努力，今天无论是漫步苏堤、白堤，还是荡舟西湖里，都看不到任何一座不和谐的建筑，杭州做到了，西湖成功了。伴随着西湖申报世界文化遗产，杭州城市发展也坚定不移地从"西湖时代"迈向了"钱塘江时代"，气势磅礴地建起了杭州新城。

从文化景观到历史街区，从文物古迹到地方民居，众多文化遗产都是形成一座城市记忆的历史物证，也是一座城市文化价值的体现。杭州为了把地方传统文化这个大概念，变成一个社会民众易于掌握的清晰认识，将这套丛书概括为城史文化、山水文化、遗迹文化、辞章文化、艺术文化、工艺文化、风俗文化、起居文化、名人文化和思想文化十个系列。尽管这种概括还有可以探讨的地方，但也可以看作是一种务实之举，使市民百姓对地域文化的理解，有一个清晰完整、好读好记的载体。

传统文化和文化传统不是一个概念。传统文化背后蕴含的那些精神价值，才是文化传统。文化传统需要经过学者的研究提炼，将具有传承意义的传统文化提炼成文化传统。杭州在对丛书作者写作作了种种古为今用、古今观照的探讨交流的同时，还专门增加了"思想文化系列"，从杭州古代的商业理念、中医思想、教育观念、科技精神等方面，集中挖掘提炼产生于杭州古城历史中灵魂性的文化精粹。这样的安排，是对传统文化内容把握和传播方式的理性思考。

继承传统文化，有一个继承什么和怎样继承的问题。传统文化是百年乃至千年以前的历史遗存，这些遗存的价值，有的已经被现代社会抛弃，也有的需要在新的历史条件下适当转化，唯有把传统文化中这些永恒的基本价值继承下来，才能构成当代社会的文化基石和精神营养。这套丛书定位在"优秀传统文化"上，显然是注意到了这个问题的重要性。在尊重作者写作风格、梳理和讲好"杭州故事"的同时，通过系列专家组、文艺评论组、综合评审组和编辑部、编委会多层面研读，和作者虚心交流，努力去粗取精，古为今用，这种对文化建设工作的敬畏和温情，值得推崇。

人民群众才是传统文化的真正主人。百年以来，中华传统文化受到过几次大的冲击。弘扬优秀传统文化，需要文化人士投身其中，但唯有让大众乐于接受传统文化，文化人士的所有努力才有最终价值。有人说我爱讲"段子"，其实我是在讲故事，希望用生动的语言争取听众。今天我们更重要的使命，是把历史文化前世今生的故事讲给大家听，告诉人们古代文化与现实生活的关系。这套丛书为了达到"轻阅读、易传播"的效果，一改以文史专家为主作为写作团队的习惯做法，邀请省内外作家担任主创团队，组织文史专家、文艺评论家协助把关建言，用历史故事带出传统文化，以细腻的对话和情节蕴含文化传统，辅以音视频等其他传播方式，不失为让传统文化走进千家万户的有益尝试。

中华文化是建立于不同区域文化特质基础之上的。作为中国的文化古都，杭州文化传统中有很多中华文化的典型特征，例如，中国人的自然观主张"天人合一"，相信"人与天地万物为一体"。在古代杭州老百姓的认知里，由于生活在自然天成的山水美景中，由于风调雨顺带来了富庶江南，勤于劳作又使杭州人得以"有闲"，人们较早对自然生态有了独特的敬畏和珍爱的态度。他们爱惜自然之力，善于农作物轮作，注意让生产资料休养生息；珍惜生态之力，精于探索自然天成的生活方式，在烹饪、茶饮、中医、养生等方面做到了天人相通；怜惜劳作之力，长于边劳动，边休闲娱乐和进行民俗、艺术创作，做到生产和生活的和谐统一。如果说"天人合一"是古代思想家们的哲学信仰，那么"亲近山水，讲求品赏"，应该是古代杭州人的生动实践，并成为影响后世的生活理念。

再如，中华文化的另一个特点是不远征、不排外，这体现了它的包容性。儒学对佛学的包容态度也说明了这一点，对来自远方的思想能够宽容接纳。在我们国家的东西南北甚至是偏远地区，老百姓的好客和包容也司空见惯，对异风异俗有一种欣赏的态度。杭州自古以来气候温润、山水秀美的自然条件，以及交通便利、商贾云集的经济优势，使其成为一个人口流动频繁的城市。历史上经历的"永嘉之乱，衣冠南渡"，"安史之乱，流民南移"，特别是"靖康之变，宋廷南迁"，这三次北方人口大迁移，使杭州人对外来文化的包容度较高。自古以来，吴越文化、南宋文化和北方移民文化的浸润，特别是唐宋以后各地商人、各大商帮在杭州的聚集和活动，给杭州商业文化的发展提供了丰富营养，使杭州人既留恋杭州的好山好水，又能用一种相对超脱的眼光，关注和包容家乡之外的社会万象。这种古都文化，也代表了中华文化的包容性特征。

城市文化保护与城市对外开放并不矛盾，反而相辅相成。古今中外的城市，凡是能够吸引人们关注的，都得益于与其他文化的碰撞和交流。现代城市要在对外交往的发展中，进行长期和持久的文化再造，并在再造中创造新的文化。杭州这套丛书，在尽数杭州各色传统文化经典时，有心安排了"古代杭州与国内城市的交往""古代杭州和国外城市的交往"两个选题,一个自古开放的城市形象,就在其中。

"杭州优秀传统文化丛书"在传统和现代的结合上,想了很多办法,做了很多努力,他们知道传统文化丛书要得到广大读者接受,不是件简单的事。我们已经走在现代化的路上,传统和现代的融合,不容易做好,需要扎扎实实地做,也需要非凡的创造力。因为,文化是城市功能的最高价值,也是城市功能的最终价值。从"功能城市"走向"文化城市",就是这种质的飞跃的核心理念与终极目标。

2020年9月

(单霁翔,中国文物学会会长)

西湖雨泛图（局部）

目 录

001　引　言

第一章
湖山落吾手

004　太守的请帖

011　王者的用心

019　苏轼的诗笺

026　为爱飞来峰

035　山满楼里的四季

042　做一回梦中人

第二章
知音世所稀

052　牡丹花开时

058　寻隐者能遇吗

065　去龙井不为茶

073　文坛天王的友谊

081　官四代的裸辞

第三章
明月来相照

092　甚有思想，不复见君

100　画家的订单

107　湖上风月为谁系

114　才女与偶像

121　寿星不在的生日宴

128　金石之缘

第四章
诗酒趁年华

138　山水在琴

145　都在结社的路上

154　明清第一"女团"

161　"本塘文艺界年会"

169　读书人的桃花源

177　参考文献

引 言

《论语·先进》曰:"浴乎沂,风乎舞雩,咏而归。"《诗经·小雅·鹿鸣》曰:"呦呦鹿鸣,食野之苹。我有嘉宾,鼓瑟吹笙。"春日修禊,雅会高士,述文成章,教化万民,这些一直是传统文化视野中士大夫的人文理想之一。前有东汉邺下、西晋金谷、东晋兰亭,后有香山九老、洛阳耆英、西园玉山,正所谓"谈笑有鸿儒,往来无白丁"。

雅之事,凡宴饮、赏花、舟游、山居、访道、寻幽、造园、鉴古、书丹、绘事、度曲、缀文、咏史、怀古,不一而足。或乘兴于山水处,或幽栖于林泉间,追慕先贤遗风,寻觅往圣踪迹。所涉之物,如茶、酒、花、香、琴、棋、古物、书籍、卷轴、丹青,此无定数,惟文章不可少。

《典论·论文》曰:"盖文章,经国之大业,不朽之盛事。"自古迄今,风雅之事,人物之会,必有文传,以证其事。今人欲知旧迹,必追索往事,问津典籍,探求真意。然草字藉藉,烂盈充栋,瀚如烟海,往往穷于文学而不上达。

吾杭为东南雄郡,吴越故都,海陆会区,风云在望,民安物丰，繁华之属。负明湖一碧，阅历沧海；瞰浙水千里，涛涨清波。新声自海而来，奔流日月；佳士因地而集，照耀星河。自白公留迹以来，和靖树德，东坡题诗，天下英豪，慕名奔赴，逸韵流觞，足称诗国。

靖康之难，衣冠南渡，诗书门第，礼乐簪缨。崖山一役虽乾坤斗转，然人物渊薮，万象俱在。岁华渐远，湖山依旧，君子堂堂，相得益彰。使君爱才，贤贤易色，风流韵事，皇皇大观。名士贤德，物换星移，只言片语，遗迹萧疏。钱塘掌故，传诸吾辈，韦编散乱，书帙残缺。恐前人寂寞，忧文脉断绝。

是书以杭州雅事为题，叙历代名典巨制。访友交际、求学问道、清游山水、宴集诗会，文章胜景，尽归于此，别类分门，纲举四目："湖山落吾手"言山水审美与往日陈迹；"知音世所稀"述居杭指爪与知交之遇；"明月来相照"论文艺同道，相辅相成；"诗酒趁年华"赞文社聚散，遗珠历历。

苏子曰："逝者如斯，而未尝往也；盈虚者如彼，而卒莫消长也。"是人生有涯，而精神不灭，如江上清风、山间明月。山水若知，斯人恒在，来者有心，行道不绝，与古为新，天地长存。湖山嘉会，岁月有兴，余才学浅陋，忝为执笔，愿无伤风月，不废江河。

第二章 湖山落吾手

肩舆岂不稳，万象非我有。
呼童换马来，湖山落吾手。
——〔宋〕杨万里《人日出游湖上十首（其四）》

太守的请帖

唐长庆二年至四年（822—824），大诗人白居易任杭州刺史。这位现实主义诗人性好佛老，与僧道之人的往来十分密切。在杭州的三年里，流连忘返于西湖山水，拜访坐落在群山间的寺庙，与相识的高僧们唱和诗词、谈论佛理，都是白居易日常生活的一部分。

在西湖边的诸多寺庙之中，白居易最中意坐落于孤山的永福寺（又称孤山寺、广化寺），时常在寺中与僧人们欢聚一堂。春花秋月、阴晴雨雪中，僧人、门客与随侍们同太守一起吟赏山水，都乐在其中。

"山榴花似结红巾，容艳新妍占断春。"春天的山石榴花开了，白居易呼朋唤友一同赏花，写下《题孤山寺山石榴花示诸僧众》赠与赏花之人；夏天乐而忘返时，忽逢疾风骤雨，就如《孤山寺遇雨》一诗所写的那样："拂波云色重，洒叶雨声繁。水鹭双飞起，风荷一向翻。空蒙连北岸，萧飒入东轩。或拟湖中宿，留船在寺门。"雨翩然而至又不知何时会停，令白居易萌生了不如在寺中留宿一晚的想法。

远眺孤山寺

偶有一日，宴集之后夜迟才归。在离去的行船上，意犹未尽的湖山主人写下了《西湖晚归回望孤山寺赠诸客》一诗："柳湖松岛莲花寺，晚动归桡出道场。卢橘子低山雨重，栟榈叶战水风凉。烟波澹荡摇空碧，楼殿参差倚夕阳。到岸请君回首望，蓬莱宫在海中央。"

寺中的宴集已经结束，但陪伴在太守身边的人群还未散去。伴随着桨声，夕阳下的楼台似乎渐行渐远。扁舟泊岸后，白居易请众宾客再度回首眺望湖面——夕阳照耀下的孤山寺犹如东海三山中的蓬莱仙宫一般。此刻，他仍旧是西湖上独一无二的主角。

那时交通不便，环山道路又尚未全部形成。前往山中寻访友人，往往是雅聚才片刻，来去却要花费一整天。这位太守大人也有忙碌得抽不开身的时候，便把聚会的地点定在了自己办公的凤凰山一带，想请难得出山的高僧大德们来城中一聚。

既是邀请，便要先下请帖。这天，身为诗人的白居易别出心裁，以诗代帖，向好友韬光禅师发出邀约："白屋炊香饭，荤膻不入家。滤泉澄葛粉，洗手摘藤花。青芥除黄叶，红姜带紫芽。命师相伴食，斋罢一瓯茶。"

白居易知道出家人不食荤腥，便在这首《招韬光禅师》中特地提到，自己已经烹饪了一席素斋。为了能让韬光有宾至如归之感，白居易颇为讲究，要求准备饭食的人们先净手，后滤泉，还亲自加入到了制作菜肴的行列中，就等韬光禅师入座。甚至连餐后茶点都已备齐，可供二人对饮闲话。

然而可能是疏忽，这首诗虽然是一份请帖，但全诗的中心内容却围绕着白居易自身展开。诗人的本意是想让韬光禅师知晓自己如何用心对待这次相会，因而在前三联中详细呈现了准备的细节，而未有"邀请"之谦语。好不容易第四联切入了正题，却在诗中习惯性地使用了"命"字。

韬光禅师岂是等闲之辈，他为寻找完美的栖身修行之所，一路云游至灵隐一带才安顿下来，绝不是一个能迁就心外之物之人。或许是他素来就不愿与官员有太多接触，也或许是韬光禅师实在是不想步入城镇之中，沾染凡俗，因此他婉言谢绝了太守的邀请，并没有来赴这场为迎接自己而精心准备的宴席。

既然太守的请帖是一首律诗，韬光便用一首律诗作了辞谢："山僧野性好林泉，每向岩阿倚石眠。不解栽松陪玉勒，惟能引水种金莲。白云乍可来青嶂，明月难教下碧天。城市不能飞锡去，恐妨莺啭翠楼前。"

这首《谢白乐天招》写得颇为有趣。韬光说自己只是个性好林泉的山野之僧，志向仅在随心所欲地枕石入眠上，并不懂如何应对俗世、侍奉官员，唯一的特长也就是在韬光庵里培育金色的莲花。

《离骚》中有"制芰荷以为衣兮，集芙蓉以为裳"的句子，或许莲花自那时起便是君子的化身。韬光此语意在告诉太守大人自己坚守高洁之心、不入俗尘之志。他将白居易比作白云，却将自己比作明月，飘在天上的白云可以在青山间来去自由，但高悬夜空的明月却不会从天上降落到凡间。在拒绝了白居易的同时，亦是邀请他，若有诚意当可入山相会。

韬光用一首诗让白居易明白他并非在谁人眼中都是居于中心的明月，必须众星拱之。真正的高人并不屑成为群星之一，因为自己才是独一无二的明月且并不需要他人的相衬。也许白居易收到这首诗后，面对满满一桌佳肴与空置的客席，在感到震撼的同时多少也有点后悔自己的言行有些轻率了。于是他放下身段，亲自前往灵隐山中拜访韬光禅师。

远离宾客与群僧的两人一见如故，谈诗论道，十分投契。兴之所至的白居易为韬光的居所题字，并且后来写下《寄韬光禅师》一诗赠与他："一山门作两山门，两寺原从一寺分。东涧水流西涧水，南山云起北山云。前台花发后台见，上界钟声下界闻。遥想吾师行道处，天香桂子落纷纷。"

这首诗又名《题天竺寺》，看似是在描写灵隐天竺一带的自然风光，实际是借山水之秀美赞颂韬光的佛法造诣之高妙。从请帖中的"命师相伴"到此诗中的"吾师行道"，白居易从太守之尊的绝对的文化活动中心人物，成为与方外之人平等对话的跨界之友。

来往亦风流 **HANG ZHOU**

韬光禅寺

去过韬光庵的白居易，择日又前往北山凤林寺（俗呼喜鹊寺，明宣德间敕名凤林寺）拜见另一位高僧鸟窠禅师。世外高僧多是奇人，前有不理权贵的韬光，后有不需屋宇的鸟窠。当白居易走进凤林寺时，不光没有人前来迎接，甚至连此地的主人鸟窠禅师的身影都没有看到。太守大人独敕自在寺中寻找了半日，才发现这位名僧竟然住在树上。

见树枝不堪重负，白居易大惊失色，朝他呼唤道："大师你爬得这么高也太危险了。"不承想鸟窠禅师却说："白太守，你的处境才更危险。"白居易满腹疑惑又不以为然："我是朝廷命官，位镇山河，有什么危险可言？"哪知鸟窠禅师答道："薪火相交，识性不停，正因为如此，才更加危险呐。"

白居易思索片刻后即明白了鸟窠禅师所言指的是官场之内的倾轧。当时正是牛李党争最激烈的时期，白居易之所以自请外放江南，也有为躲避党争的缘故。区区几句对话，白居易便明白了鸟窠禅师真乃高人，遂决心向其讨教学问与义理。

"如何才叫佛法大义？"面对白居易的求问，鸟窠禅师只回答了寥寥八字："诸恶莫作，众善奉行。"真理怎会如此平常？太守听罢哈哈大笑道："这道理三岁小孩都懂得。"言下之意这也太过粗浅了。谁料鸟窠禅师说出了醍醐箴言："三岁小儿都懂的事，可八十岁的老翁却还做不到。"一句讽喻令白居易叹服。

鸟窠禅师亦善诗，白居易便以诗问禅："特入空门问苦空，敢将禅事叩禅翁。为当梦是浮生事，为复浮生是梦中。"禅师阅后和以一诗："来时无迹去无踪，去与来时事亦同。何须更问浮生事，只此浮生是梦中。"

经禅师指点后，白居易大彻大悟，他在《鸟窠和尚赞》中称扬这位高僧："形羸骨瘦久修行，一衲麻衣称道情。曾结草庵倚碧树，天涯知有鸟窠名。"从此更是收起了自己的傲慢之心，再没有以诗代帖命人入城之事，而是徒步往来于各个山头之间，与隐逸于山中的高人们习禅谈心。

春天，灵隐寺的辛夷花开了，他与人一同欣赏。夏天暑热难挨，他就到天竺寺七叶堂中清心片刻。没有了群僧围绕与宾客成群，只带上三两位随行之人，策杖踏遍湖山。"白衣一居士，方袍四道人。地是佛国土，人非俗交亲。城中山下别，相送亦殷勤。"在这首《题天竺南院赠闲元旻清四上人》诗中，一太守与四高僧一同入画，好一幅五人相聚的亲厚之景。没了捧月之人的聒噪，白居易与西湖的僧人们建立起了超越俗世的友谊。

三年任期将满之时，白居易专程前往山中与名僧好友告别。这场挚友间的离别，被白居易以《留题天竺灵隐两寺》一诗永远留存在了文学史上。

在郡六百日，入山十二回。
宿因月桂落，醉为海榴开。
黄纸除书到，青宫诏命催。
僧徒多怅望，宾从亦徘徊。
寺暗烟埋竹，林香雨落梅。
别桥怜白石，辞洞恋青苔。
渐出松间路，犹飞马上杯。
谁教冷泉水，送我下山来。

在杭州的约六百天里，光是灵隐天竺一带的寺庙，白居易就拜访了十二次之多。诗人历数着自己前往山中与僧友相会，论诗品茗的次数，回想起春夏之交时，在灵隐寺中欣赏石榴花开，秋天则在天竺寺中一同幽赏天香桂子的往事，难以忘怀。

他自然舍不得离开这片土地，还想再与朋友们相聚片刻，然而来自长安的诏令已经到达杭州，催促着他即刻起程赴任太子左庶子，并不能因为他的私心而迟滞片刻。

得知太守即将离去，僧人们都很惆怅，跟随在白居易身边的宾客们也徘徊不去。"三年为刺史，饮冰复食檗。唯向天竺山，取得两片石。此抵有千金，无乃伤清白"，白居易只是向天竺山撷取了后山的两片石头，留作终身纪念。

当告别的人将要走完九里松的大道时，身后传来了急促的马蹄声，那是友人们特地送来了告别的美酒。白居易的心情就如冷泉的溪流一样，顺着山势而下，旧忆点滴沁入心间。

晚年致仕回到洛阳的白居易在《忆江南》中写下"山寺月中寻桂子"之句，或许他所追忆的不仅仅是秋日的山色，还有当年陪伴他一同在山中静观四季变化的僧友们。

王者的用心

自古以来，帝王君主之中就不乏雄才伟略之人，但多少输于文采。如刘邦大风起兮，曹操对酒当歌，虽吐露的是创业之人纵横捭阖的霸业之心，却总是失之柔美。而擅长文学之人，如李后主一江春水，宋徽宗裁剪冰绡，虽文章练达，却给人以纤细敏感又柔弱的印象。

五代时期，有那么一位君主，为后人留下了"陌上花开缓缓归"的典故。世人皆知道他的事业，却不晓他亦有一颗文学之心。他对于文学的用心，不仅在与妻的书信，述及烂漫的花开。相传后梁开平四年（910），他功成名就，衣锦还乡，于故居旁的大树下宴会故老与宾客，效仿的便是刘邦"威加海内兮归故乡"的故事。

当天这位已经走出大山，富有两浙的大人物在宴席上高歌了一曲："三节还乡兮挂锦衣，碧天朗朗兮爱日晖。功臣道上兮列旌旗，父老远来兮相追随。家山乡眷兮会时稀，今朝设宴兮觥散飞。斗牛无孛兮民无欺，吴越一王兮驷马归。"

归乡的路途旁立满了旌旗，父老听闻消息，纷纷走出家门前来迎接心中的英雄。这位史书记载发迹之前以贩私盐为生，跟随董昌投身行伍后逐渐壮大势力，先后占据以杭州为中心的两浙十三州的吴越国开国君主钱镠就地设宴，觥筹交错，联席欢唱。他是民间传说中率领弓箭手万箭齐发震慑江潮的勇猛之士，也是能写出"陌上花开，可缓缓归矣"如此平淡真趣的柔情之人。

钱镠的气质在某种程度上与曹操相类。曹操在宴会上高歌"青青子衿，悠悠我心。但为君故，沉吟至今"，流露的是求才若渴的心情。钱镠虽有此心，却没这么直白，他更爱带领宾客们欣赏大美湖山，就在那些他下令建造的园林之中。

吴山自隋唐起便是杭州城内的中心区域。吴越国之时，其王城承继唐代州治的故址修建，吴山就成了靠近枢要之地。钱镠留下了术士口中只要填掉就能享国千年的西湖而不建宫室，当然不只是对其进行水利治理，更要装点湖山以畅享一代繁华。由此在吴山修建秾华园，十园中遍栽梅树，梅海之中修百花亭一座。

佳园落成之时，恰逢春暖花开，钱镠邀请臣子与宾客一同赏花。他赋诗两首《百花亭题梅》以助游兴："秾华园里万株梅，含蕊经霜待雪催。莫讶玉颜无粉态，百花中最我先开。""吴山越岫种寒梅，玉律含芳待候催。为应阳和呈雪貌，游蜂难觉我先开。"这两首诗作均以"梅""催""开"入韵，极可能是君臣唱和之作中的两首，可惜的是唯有钱镠的诗作因是君主所题而留存了下来。

"百花亭"之名有两层寓意："梅树数百株"与"百花之中最先开放"。钱镠连用两次"我先开"作为结语，表面上写的是春天到来之时，梅花是百花之中最先绽放的"报春"花卉，实际是借梅花表达自己的志向，颇有万事争"先"之意。这是他作为一方霸主的"特权"，也是性格使然。当日陪同钱镠游览秾华园，欣赏梅花的臣子与宾客，不知道都献上了什么样的和诗。想必在看到钱王诗作后，也从中读懂了君主的胸怀与抱负，纷纷归心于钱王的诗才与用心之下。

后梁龙德元年（921），位于玉皇山麓的吴越郊坛落成。所谓郊坛，乃是帝王祭天的场所。古制三岁一郊，每隔三年，帝王都要亲赴南郊祭天。吴越郊坛的存在也说明钱镠虽奉中原王朝为正朔，但也并非没有称帝之心，只不过是在权衡之下选择了较为低调和隐晦的表达方式。

从凤凰山的吴越王宫前往郊坛，要经过将台山四顾坪。这是吴山、凤凰山、玉皇山这一线山脉上重要的登高观景地之一。四顾坪上有数十块巨石涌出地面，如侍卫拱立两行，钱镠以形似排衙将其命名为"排衙石"。

龙德元年之后的某一天，从郊坛回王城的路上，经

排衙石题刻

过排衙石时，钱镠在此留下了数行诗作。历经千年风霜后，当年的题字已经漫漶，只有数语可寻："……□南一剑定长鲸。……□帝匡扶立正声。……□辉争不伏神明。……□建瑶坛礼玉京。……□□常爇不曾停。……□□恒传宝藏经。……□□今为显真灵。……"仍可从中看出这位君主在瞬息万变的政治局势之中的微妙心理。

"长鲸"一词出自左思的《吴都赋》："于是乎长鲸吞航，修鲵吐浪。"又用以比喻巨寇，如杨炯的"戮封豕而斩长鲸，雄图不测"。钱镠笔下的"长鲸"自然是他年少时追随的董昌，这也是他奠定政治版图的源头。

乾宁二年（895），本已割据两浙的董昌，终于按捺不住膨胀的欲望，在越州自立为帝，建立大越罗平国，改元顺天，任命钱镠为两浙都指挥使。当时或许是唐帝国仍在名义上存在，自立为帝，师出无名的原因，钱镠明确提出反对意见，并亲率兵马当面劝说。

果不其然，唐昭宗闻讯后削除了董昌的官爵，还令钱镠为招讨使讨伐董昌。这对"旧交"之间的战事一触即发。第二年五月，钱镠的军队攻破越州，俘获董昌。由此钱镠不仅继承了董昌的地盘，还被唐王朝累次加封得到了那枚传续至今而收藏于国家博物馆中的金书铁券。

钱镠显然很自满于讨伐逆贼，匡扶将倾之唐王朝的成就，还为自己修建郊坛找到了非常正当的理由——以此来奉礼中原王朝。真是个聪明到极致，对自我的审视极其清晰的人。而他骁勇善战的另一面却是个"文艺青年"，怪不得会在百花亭题诗，排衙石题字。

钱镠主持的一场场宴集，皆是他利用自身所钟爱的文学之笔以收服群臣之心的方式。战事初平，吴越王即赏赐群臣，于九月九日重阳节当天邀请曾一同出生入死的臣子们登高，一同俯瞰治下的万里江山。而后分赐锦袍以示荣宠，朝着玉皇山的方向醉饮而归。

"淡荡晴晖杂素光，碧峰遥衬白云长。好看塞雁归南浦，宜听砧声捣夕阳。满野旌旗皆动色，千株橘柚尽含芳。锦袍分赐功臣后，因向龙山醉羽觞。"这首《九日同群僚登高》就如同王羲之的《兰亭集序》，只是诗海中的一页，因历史的眷顾而留存。

尔后钱镠又效仿历代开国君主表彰功臣的方式，建青史楼一座，为群臣论功定绩。青史楼建在可下窥凤凰山麓的禁宫与钱塘江潮的高处，或许离四顾坪并不遥远，与重阳节的登高之地亦十分靠近。钱镠与往常一样，为自己的日常活动留下了得意的诗作。

《青史楼引宾从同登》曰："云阁霞轩别构雄，下窥疆宇壮吴宫。洪涛日日来沧海，碧嶂联联倚太穹。志仗四征平逆孽，力扶三帝有褒崇。如今分野无狼孛，青史楼标定乱功。"言辞之间自有恢宏之气，王者笔下秀美的吴越山川也俊朗辽阔了起来。

钱镠确实不是仅仅爱好诗作，而是可称得上在文学上有一技之长，因而功成名就之后，身边也聚拢了不少才学之人。屡试不第而困于前途的罗隐便是其中一位，据说他曾献上自己的诗集以求赏识。天地之间，唯知己与伯乐最难寻，罗隐却十分幸运。钱镠读罢书卷，当即回信予他："仲宣远托刘荆州，盖因乱世；夫子乐为鲁司寇，只为故乡。"

仲宣乃王粲之字，为建安七子之一，曾投靠荆州刘表。夫子自然是孔子，曾在故乡鲁国任司寇。钱镠将罗隐比作王粲、孔子这样的高士，自然令他大为感动，就此投奔幕府。然而考证史料，罗隐归心之时，钱镠仍在董昌手下，其实力远没能割据一方。罗隐若不是非常有远见，想必也是因为他与钱镠都是杭人，相知相熟之故。

在钱镠"发家致富"的过程之中，罗隐一直是陪伴在其左右的得力助手。吴越国的大量重要文书都出自这位才子之手。每当闲暇之时，钱镠也与其诗文唱和。除了是作诗赋文的才子，这位颇得君主信赖与偏爱的文人自然也是直言善谏的耿直之人。当时在西湖上以打鱼为生的渔民，每天都要向官府上缴鲜鱼，称为"使宅鱼"。但渔业本就是靠天吃饭的生计，并不是每天都有捕获。一旦遇到捕获的鱼不够多时，渔民们还得去市场上购买鲜鱼来上交，因此苦不堪言。

此时，流连文墨又颇有些自恋的钱镠，命人绘就了一幅《磻溪垂钓图》。磻溪相传是姜太公钓鱼的地方。姜尚隐居于此，垂钓于溪上，与打猎归来的周文王偶遇，相谈甚是投机。姜太公遂得大用，帮助文王建立了周朝的大业。

《磻溪垂钓图》所绘的即是姜太公钓鱼等候与周文王相遇的情景。钱镠唤罗隐前来一同鉴赏此画，让他题一首诗于画上，大约心中的所想是罗隐自比姜太公，他当然就是能得天下之一统的周文王。罗隐无论如何也该借着图画夸赞一番自己善待贤才之心，再秉烛相叙知遇之情。

才华横溢如罗隐，当然是早在进入殿中看到这幅画的刹那便揣摩到了钱镠的心意，但他却并不愿走寻常之路。既然君主视他为知交，有些箴言便只有他这位知交能言。他由此图想到了在西湖上打鱼的百姓们，大笔一挥写下了："吕望当年展庙谟，直钩钓国更谁如。若教生在西湖上，也是须供使宅鱼。"意思是说：姜尚还好没生在西湖上，不然他哪能有愿者上钩这般清闲，得先补完上贡给吴越王您的使宅鱼呢。

震惊之余的钱镠并没有怪罪罗隐，而是接纳了隐藏在他诗中的用意。这位睿智的君主命人免去了使宅鱼这一规定，从此收起了这幅《磻溪垂钓图》。他已经得到了如姜太公一样的文士，自然不需要再将此画悬挂于高堂之上。

钱镠的英明与爱才令名士们慕名而来。五代名僧贯休为了躲避战乱来到吴越之地，便依罗隐的前例向钱镠奉诗一首以求觐见。这首盛名远播的《献钱尚父》是这样写的："贵逼人来不自由，龙骧凤翥势难收。满堂花醉三千客，一剑霜寒十四州。鼓角揭天嘉气冷，风涛动地海山秋。东南永作金天柱，谁羡当时万户侯。"

贯休的诗写得大气磅礴，与钱镠的诗风十分投契，读来自然也相当满意。只是这第二联中的"十四州"虽然是实情，却多少让这位还在梦想当周文王，于磻溪偶遇姜太公的霸主有些不满足。他希望贯休能将"十四"改为"四十"，添点彩头。

只是人与人之间的相交，仅通过一次宴集还远远不够。憧憬成为吴越王宴会上三千群星之一的贯休说话还是直白了些。"州亦难添，诗亦难改"八个字，让尚未建立默契的两人之间陷入了尴尬。相传贯休自度投靠无望，留下一首诗后扬长而去："不羡荣华不惧威，添州改字总难依。闲云野鹤无常住，何处江天不可飞。"本就爱好贤才的钱镠得见此诗后即刻命人追赶，然而高僧已经前往蜀国，再也追不回了。

传说总是充满着戏剧化的演绎，相比之下史书的记载更为接近历史的原貌。《十国春秋》描述这位君主："稍暇则命诸子孙讽诵诗赋，或以所制诗赐丞相将吏，亦间能书写、画墨竹，然不以呫哔废正务。"钱镠不仅会作诗，还擅长书画，他笔下的墨竹不知是"黄家富贵"还是"徐熙野逸"。在他的影响下，吴越国的三代五王个个成为文艺之士。

《新五代史》记载第二位吴越国王钱元瓘："……好儒学，善为诗，使其国相沈崧置择能院，选吴中文士录用之。"《旧五代史》记载第三位吴越国王钱弘佐："佐幼好书，性温恭，能为五七言诗，凡官属遇雪月佳景，必同宴赏，由此士人归心。"

钱元瓘继承了父亲钱镠以文揽士的用心，专门设置择能院这样用来容纳贤才的机构，收归天下英豪。钱弘佐也与祖父钱镠十分相像，是位喜好带着群臣与宾客游赏湖山丽景、唱和诗文的君主，甚至宴集之上还不忘远在州郡就任的弟弟们，写诗《佳辰小宴寄越州七弟湖州八弟》遥寄。

至于吴越国纳土归宋之后，传承了家族爱好诗书之人文基因的第五位吴越国王钱弘俶之子钱惟演成为西昆体骨干诗人，并提携了梅尧臣、欧阳修等一群文坛新秀则是后话了。

待到历史轮回，江山改色，同样擅于文艺的宋朝帝王们落脚杭州，再度在凤凰山的大内一带与群臣宴游湖山，赋咏诗词，铺陈自己的文学用心时，不知是否还有钱镠当年于群儒之中君先颐的气概。

苏轼的诗笺

苏门四学士之一的秦观有诗《东坡守杭》云："十里荷花菡萏初，我公所至有西湖。欲将公事湖中了，见说官闲事亦无。"说的便是苏轼在西湖上处理公务，可谓游湖、工作两不误。

对此，《淳祐临安志》亦有记载："十三间楼，去钱塘门二里许，苏公轼治杭日，多治事于此。今为相严院，在大佛头缆船石山后。"说的是苏轼常在西湖北山脚下的十三间楼处办公。

十三间楼离凤凰山州治甚远，苏轼不可能天天来此处，但在湖上其他地方办公，尤其是乘一叶扁舟随波逐流的事倒是常有。

熙宁四年（1071）十一月，苏轼到任杭州通判一职，当时正值知州沈立在任。次年八月沈立离任，陈襄接任。

熙宁七年（1074）七月，陈襄离任，杨绘接任；是年九月苏轼调任密州，在这约三年时间里，可能是因为通判一职终究还是比知州要轻松一些，加之沈立与陈襄都年长苏轼许多，视其为自家晚辈，对其多有优容，苏轼在杭州的日子过得格外快意，游湖访友、写诗赋词就成了他的日常"工作"。

苏轼在《六月二十七日望湖楼醉书五绝》的第五首中写道："未成小隐聊中隐，可得长闲胜暂闲。我本无家更安往，故乡无此好湖山。"他很明白自己的确清闲，并认为既有大美湖山，闲又如何，于是开启了走读西湖的计划，成了西湖上最懂休闲之人。

这位才高绝伦的青年人组起了一支游历湖山的队伍。惠勤、惠思、清顺、可久、惟肃、义诠等僧人，担任察推的吕仲甫、钱塘县令周邠等官员成为了这支队伍中的常客。

熙宁年间，苏轼时常与他们一同泛湖游山。他也曾以病告假，遍访诸寺，烹茗煮茶，并于一日之中饮浓茶七盏，自觉不药而愈，兴致勃勃将《游诸佛舍，一日饮酽茶七盏，戏书勤师壁》题写在了惠勤上人住锡的寺庙墙上。

苏轼的队伍每到一处景观，都会赋诗一首或是题壁一块。这些散落在湖山间的诗歌与题刻，仿佛是苏轼留在大地上的诗笺，记录着他在杭州的行迹。但苏轼自度，他的游湖队伍中，终究还是缺了一位重量级的人物——知州陈襄（字述古）。

这位大人被公务所缠而不得分身，苏轼虽时常写诗邀请他一同出游，但几次事先约好，最后却都缺席，令苏轼颇有些意兴阑珊。陈襄在公事之余，虽常与苏轼在州治之中的中和堂、有美堂中饮酒赋诗，或赏芙蓉，或观明月，但不得日出游于湖上，依然是少了半城的"春色"。

熙宁六年（1073）正月，梅花盛开。大忙人陈襄难得赋闲，便想起了他的诗友苏轼，于是邀请他一同赏梅。可惜不巧，苏轼正卧病。收到陈襄邀约的苏轼有多激动，从《正月二十一日病后述古邀往城外寻春》一诗中便可看出一二。

"卧听使君鸣鼓角，试呼稚子整冠巾。曲栏幽榭终寒窘，一看郊原浩荡春。"苏轼听到了陈襄将要出游的呼唤，连忙让童仆为自己穿衣戴冠。自己平时居住在杭州城中，虽然居所也有亭台楼阁，但都过于狭小，终不如去郊外瞭望浩瀚无际的春色更为抒怀。

陈襄收到诗后，和以《和苏子瞻通判在告中闻余出郊以诗见寄》，诗中有云："寻僧每拂题诗壁，邀客仍将漉酒巾。寄语文园何所苦，且来相伴一行春。"调侃苏轼每每去西湖的寺庙里访问僧人都要题壁留诗，邀请客人同席则一定戴着可以滤酒的葛巾。既然在病榻上如此痛苦，不如来赴一场郊游吧。

这场寻春之旅，终得以成行，他们向城外踱步而去，在苏轼的心中留下了非常深刻的印象，以至于他与陈襄分别之后仍念念不忘。"携手江村，梅雪飘裙。情何限、处处销魂。故人不见，旧曲重闻。向望湖楼，孤山寺，涌金门。　　寻常行处，题诗千首，绣罗衫、与拂红尘。别来相忆，知是何人。有湖中月，江边柳，陇头云。"

苏轼在这首《行香子》中回忆了熙宁六年（1073）

他与陈襄赏梅的往事，借湖中的月色、江边的杨柳与田间的白云，诉说自己的怀念之情。令苏轼铭感的不只是初春的景色，更是一同赏景之人。天涯沦落遇知音，在王安石主持熙宁变法的时代浪潮下，陈襄与苏轼有着接近的政治理念，因此格外投契。

就在这次春游之后没多久，苏轼得到了他人馈赠的用官法酿造之酒。得到此物后，他第一时间想到的便是陈襄，打算邀请他一同于湖上畅饮。

苏轼在邀请诗中特地用了与前一次记述陈襄邀请自己郊游踏青而作的《正月二十一日病后述古邀往城外寻春》相同的韵脚，写下《有以官法酒见饷者因用前韵求述古为移厨饮湖上》，以表达此次的邀请是对上次春游的回礼之意。

"喜逢门外白衣人，欲脍湖中赤玉鳞。游舫已妆吴榜稳，舞衫初试越罗新。欲将渔钓追黄帽，未要靴刀抹绛巾。芳意十分强半在，为君先踏水边春。"苏轼在诗中恳请陈襄将庖厨移于湖船之上，更言自己已将出游的船只检视装点完毕，排演好了乐舞助兴，并先行为使君探访过湖上山色，春光正好，乃是一切妥当，虚席以待。

陈襄读罢此诗，欣然赴会，与苏轼醉饮湖上，联句叠韵。这才诞生了老少咸知的文学杰作《饮湖上初晴后雨（其二）》："水光潋滟晴方好，山色空蒙雨亦奇。欲把西湖比西子，淡妆浓抹总相宜。"

陈襄与苏轼的舟船早上出发时还是晴空万里，晚上归航时已是夜雨霏霏。西湖之美正在晴好雨奇，似乎唯有水仙王庙中奉祀着的神灵最为懂得。因此这一杯酒最当敬的便是造就了大美湖山的造物主。

第一章 湖山落吾手

石屋洞

　　自此，陈襄正式加入苏轼遨游湖山的队伍。熙宁六年（1073）二月，他与苏颂、孙奕、黄灏、曾孝章、苏轼共六人游石屋洞，由苏轼执笔，在崖壁间留下了著名的石屋洞题记。可惜的是因为元祐党禁之祸，题记中苏轼的姓名被抹去了。后岁月涤荡，虽重新摹刻，但后人又不断前来翻拓，磨损严重，至今亦已不存。20世纪90年代再次依据拓本重新在石屋洞中择址翻刻，使今人得以通过新刻窥见旧时风雅。

　　十六年后的元祐四年（1089），苏轼再次回到杭州。昔日一同管领湖山的旧交多半已经不在人世，却也多了新友一同游赏。苏轼不再是那个偷得半日清闲，可以泛舟湖上的青年。但正因为曾有三年在湖上的经历，他比任何人都更了解西湖的山水，于是决心执行此前不能付诸行动的计划——西湖的疏浚工程。

据《淳祐临安志》中所载，苏轼常去办公的十三间楼，或许就是当时疏浚西湖的"工程指挥部"。公务之余，苏轼重新组织起了游山玩湖的队伍。元祐五年（1090）的春天，恰逢上巳前一日，苏轼规划了一条从凤凰山脚州治前往灵隐天竺的游线，邀请王瑜、杨杰、张璹同行。

三人之中，王瑜此时为两浙路提点刑狱，杨杰则因党争寄情山水，张璹与苏轼交好，一度逗留杭州。面对西湖的山水，苏轼依旧满怀着与十余年前相同的游兴，不同的是此刻他已成为湖上人文活动的绝对中心人物。

苏轼一行四人从州治出发，或沿山脊翻越而下，或走慈云岭古道，或沿山脚绕江前行，第一站到达了龙华寺。这座又名龙华宝乘院的寺庙，为开运二年（945）吴越王钱弘佐所建，其旧址位于将台山南麓的山脚地带。寺中原有苏轼留下的题字："苏轼、王瑜、杨杰、张璹同游龙华。元祐五年岁次庚午三月二日题。"

离开龙华寺后，苏轼一行打算前往灵隐天竺。从西湖的东南角前往西北角，需步行经过西湖南岸与西岸的诸座山峰。最便捷的路径便是从玉皇山沿山麓地带绕过九曜山，至赤山埠浴鹄湾一带，翻越大麦岭后进入上香古道。

大麦岭如今辟山为路，已成通衢，唯山岩崖壁上小亭覆盖的岩石被完好保留了下来。石上有学术界公认的西湖群山范围内仅存的苏轼摩崖题刻一方。虽风化严重，较难辨认，但"苏轼"二字依稀可见，拓印之后全文仍然清晰："苏轼、王瑜、杨杰、张璹同游天竺，过麦岭。"

元祐党禁之时，苏轼在杭州的一切痕迹，包括苏堤上的苏公祠与留存在山间的摩崖题刻都被悉数毁去。唯有大麦岭因地处偏僻，得以幸存。此处遗存的题刻虽然仅有十五个字，却是珍贵的文物遗存，更是佐证北宋时期湖上交通状况的重要例证。这也是苏轼要修筑长堤直通西湖南北两山的原因。终也是因为苏堤的落成与环湖道路的逐渐成形，大麦岭一带行人渐稀，从而使题记躲过了党争之祸。

当天，苏轼一行的目的地是灵隐天竺一带的寺庙群。《咸淳临安志》记载，苏轼在韬光寺亦留有题名："苏轼、张璹、杨杰、王瑜，元祐五年三月二日，同游韬光。"可见此次出游是穿越了半面湖山，只可惜题记没有拓片流传于世。

到达灵隐天竺地区后，苏轼一行或在寺中留宿一晚，天明再归，或沿九里松的大道来到湖边，过苏堤回凤凰山，又或是雇佣一条船只从西湖的西北角直通东南角，都是足可以一天往返的旅途。

苏轼走过的这条游线，一直到南宋中期，还有人在使用。张镃在《寻桂南山至崇寿院因往灵石三首》中所走过的轨迹就一样通过了大麦岭。或许当年的张镃并不是简单地经过，而是与我们一样也在寻找苏轼在这里留下的痕迹。

史书所载，苏轼在西湖边留下的题刻还有《灵鹫兴圣寺题名》《龙井题名》等，终因时光的流逝，仅有大麦岭题刻实物完整保存了下来。

这些记载着苏轼的四季出游，与好友们共赏西湖山水的文字，虽然绝大多数没有真切地"印刷"在群山的崖壁上，却永远地浸润在西湖水中，供你我吟咏诗词时思念追怀。

为爱飞来峰

南宋乾道三年（1167）三月十日，正在皇城中忙于政务的宋孝宗踱步至殿外，见天气舒朗，正是游春时节，想起退居北内的太上皇，便遣人去德寿宫中禀报，打算在这一两日内邀请他一同前往西湖东岸的聚景园赏花。

收到邀请的宋高宗明白养子的孝心，可自从禅位以来，宋孝宗已陪伴他出游数次。聚景园毕竟在城外，帝王出行往往兴师动众且劳民伤财，叫都城百姓看在眼中并不十分妥帖，想来还是少出游为好，故此派人传话与宋孝宗："踏青未必非西湖不可，本宫的德寿宫园中就有许多好花，官家明日若是得闲，不如就来一同欣赏吧。"

见传话的小官与侍从皆言辞恳切，宋孝宗决定顺从父亲的心意。次日清晨食罢早饭，他便带着皇后与太子一行从皇城出发，从和宁门沿着御街一路向北前往德寿宫。前方等待着他的是家宴，也是两代帝王间的对话。宋高宗早已命人在德寿宫中排布好了各式娱乐活动，为这场特殊的游园增添乐趣。

进入德寿宫后，宋孝宗一行先被引至灿锦亭中，在此处品尝第一道茶饮，尔后前往后苑赏花。同席的除了帝王家的祖孙三代，还有吴太后的弟弟郡王吴益、宋孝宗身旁的近臣曾觌与词臣张抡等人。从灿锦亭前往后苑要经过长廊，廊下有许多内侍，但今天的他们并不是为侍奉两位帝王而站在此处。

遵照宋高宗的要求，今日虽不能出巡湖上，仅得游园一日，但却要有在湖边游赏的氛围。因此这些侍从打扮成了在西湖边做买卖的商人，凡是市面上能看到的商品，如珠翠、花朵、玩具、匹帛、花篮、闹竿、市食

〔清〕石涛《山水图册》中的飞来峰

等一应俱全。太上皇甚至还额外开恩，允许大家模仿正被市井百姓追捧，以商品为诱饵，赌掷财物的博戏。场景越是热闹，两宫帝王越是开心，享受买卖乐趣并不是他们的目的，重要的是眼前的太平景象令一国之君颇为满足。

离开长廊之后，宋孝宗一行来到球场，另一群内侍正在此处抛彩球、蹴秋千，仿佛是从喧嚣的街头步入了寻常百姓的家中。再往前走便是射厅，这里正在表演百戏。相传射厅是进行武艺射技练习的场所，因此这里上演的百戏并不是戏曲与杂耍，而是与武术相关的角抵和相扑。每经过一处精心准备的场景，慷慨的帝王便会对参与此次演艺活动的侍从们进行封赏，让大家得以一同享受治世之乐。

前方，清妍亭中的荼蘼正等待着帝王贵胄的赏评，池中也已备好御舟，静候主人们登临。德寿宫中的池塘就如同西湖的缩影，不光有一道长堤，可以绕堤闲游，池上还有数十只小舟，仿佛无数的普通人在西湖上荡游。

宋高宗正倚着御舟的栏杆，专注地欣赏侍从们在小舟中表演曲艺、叫卖蔬果的样子。不经意间，两只燕子掠水飞过御舟之前，吸引住了他的目光。这位雅好文学的帝王当即令陪侍在旁的曾觌即席填词一首，呈与大家吟咏。

宋孝宗早年被封为建王，曾觌便是当时侍奉于潜邸的低级臣僚之一，但因其善于察言观色，深得宋孝宗的欢心，故而在宋孝宗登基之后得到了重用。此人虽然学问并不出众，品行也常被朝臣指摘，但填词倒是有一些水准，尤其擅长依照君王的意思填写词章。只见他环视眼前的春光与水色，稍一沉吟便写下了《阮郎归》："柳阴庭院占风光，呢喃清昼长。碧波新涨小池塘，双双蹴水忙。　萍散漫，絮飘扬，轻盈体态狂。为怜流去落红香，衔将归画梁。"好一派春意萌动景象。

就在曾觌满脸得意地将词作呈与高宗、孝宗父子时，同席的张抡也已在心中铺陈好了文稿。张抡虽不精于仕途，但在填词上倒是不逊他人。他常年侍奉于高宗、孝宗两位帝王身旁，做的便是奉旨填词、平添风雅的工作。此时，落笔就是一首《柳梢青》："柳色初浓，余寒似水，纤雨如尘。一阵东风，縠纹微皱，碧沼鳞鳞。　仙娥花月精神。奏凤管、鸾弦斗新。万岁声中，九霞杯内，长醉芳春。"比曾觌的词作更添了对赏景之人的描写。

眼见满席之人这就放下了自己的词章，热衷于新作，曾觌也不甘示弱，又和《柳梢青》词一篇："桃靥红匀，梨腮粉薄，鸳径无尘。凤阁凌虚，龙池澄碧，芳意鳞鳞。　　清时酒圣花神。看内苑、风光又新。一部仙韶，九重鸾仗，天上长春。"不知不觉间，文学之用，从描景写意变成了歌颂帝王。高宗与孝宗读罢当然快心，曾觌与张抡自然也得到了不少赏赐。

农历三月正是牡丹盛放时节，一行人遂移舟来到静乐堂赏花。酒过三巡后，吴太后邀请高宗、孝宗父子一同去刘婉容所在的奉华堂听赏阮琴演奏。为今日家宴置备的乐曲虽妙，却还不是最精彩的表演。

曲罢声息，刘婉容向吴太后禀报："近日又得到两位颇有天资的女童，一名琼华，一名绿华，不光擅长琴棋书画，且颇通诗词文墨，不知能否将二人进呈，供官家一笑？"吴太后听闻觉得如此佳才，当即令琼华与绿华二人各展才艺，并赐予刘婉容阮琴、道冠、道氅等物品，还不忘与她银绢三百匹、会子三万贯。

当天的主角自然还是前来德寿宫做客的宋孝宗。在酒乐声中醉饮而归的帝王，夜深时分回味着从灿锦亭进茶那一刻起，严丝合缝的流程安排，立刻对宋高宗的用意心领神会。

太上皇拒绝了他一同出游西湖聚景园的邀请，却在自己居住的德寿宫中，让侍从装点一新，扮演出西湖边的景象，为的就是不出门便能享受同样的山水与人情。他所要的不是去湖边踏青赏春，而是将湖山搬至德寿宫中四季闲居。

德寿宫虽然占地广阔，但比起西湖的山水，也只不过是一角之地。如何才能将庞大且精美的自然山水之景复制到此处，这让宋孝宗颇为犯难。犹疑之中，他想起了前代帝王宋徽宗在汴京打造的皇家园林艮岳。艮岳之中模仿了不少天下名景，其中就包括眼下赵宋皇室的栖身之地凤凰山，用的是移天缩地的造园技法。

宋孝宗虽没有亲眼见过艮岳，但对这种造园方式并不陌生，因为皇城之中就有用类似方式造就的苑囿。宋高宗在驻跸临安后，于大内开凿了大池，并在池旁叠山，命名为"大龙池"与"万岁山"，相传模仿的就是西湖与飞来峰的景致。

飞来峰位于西湖西岸的灵隐山中，有冷泉溪从山中流下来。唐代白居易曾在《冷泉亭记》中盛赞此处风景"东南山水，余杭郡为最。就郡言，灵隐寺为尤。由寺观，冷泉亭为甲"，可谓得天地精华之所在。

传说这座名叫"飞来"的山峰，是由东晋时印度高僧慧理命名的。咸和元年（326），慧理云游至西湖，见此山颇似中天竺国灵鹫山之小岭，不知是何年飞来，想到佛在世日，多为仙灵所隐，便于此地建造灵隐寺，将寺之案山命名为飞来峰。

宋高宗既以飞来峰作为模板打造皇城内的风景，自然是因为灵隐一带的山水深合他的审美之道。在皇城的池山间思索徘徊的宋孝宗，注视着眼前这些由宋高宗一手打造的景观，想起高墙外西湖的山水风光，领悟到德寿宫虽然繁华却并不太合宋高宗的心意，于是命修内司重新修葺那一日游赏的德寿宫后苑。

这次的改建工程由宋孝宗亲自确定实施方案。园林景致以宋高宗钟爱的西湖和飞来峰为粉本，新建冷泉堂一座，将池水面积扩大，耗费巨资从西湖引水入园。叠石则模仿飞来峰的嶙峋之势，并在池的西岸建高楼一间，

德寿宫想象复原图（局部）

取苏轼《单同年求德兴俞氏聚远楼诗三首》中的"赖有高楼能聚远，一时收拾与闲人"之句，命名为"聚远楼"。为表孝心，园中不少牌匾都是宋孝宗御笔亲题的。

德寿宫的改建工程进展得十分顺利，待到同年五月，园林景观已经焕然一新。当宋孝宗重新走进德寿宫后苑时，想象中的蓝图已成为现实。宋孝宗将德寿宫视为自己的作品，既是作品便要有欣赏之人，更重要的是作品之中的孝心须得为外人所知。

正如乾道三年（1167）的游园有曾觌与张抡制词，园林中的雅会自然少不了文学的赋咏，但像曾觌与张抡那样的弄臣与词臣已不再出现在宴席上，取而代之的是像周必大与汪应辰这样既富有文采且品行端正，同时又身居高位的京官。正直与阿谀本就是事物的两端，注定了周必大与汪应辰不会像曾觌与张抡那般全力配合帝王作诗填词的游戏。

周、汪二人的诗写得极快，片刻间便递上了成品。比起长短不一又可歌唱的词作，七言绝句多少显得有些呆板，而两位以文学见长的能臣也并未使出全部的功力。"聚远楼前面面风，冷泉堂下水溶溶。人间炎热何由到，真是瑶台第一重。"周必大的诗作很是写实，但读来多少有些无奈应付之感，遣词造句并不怎么走心。"飞来峰下水泉清，台沼经营不日成。境趣自超尘世外，何须方士觅蓬瀛。"汪应辰的诗作看上去是花了些心思，可依旧还是少了些韵味。

两首诗作在宋孝宗看来，都算不上是十分满意。但他倒是也能体谅这些臣子，到底他们没有参与从前的游园，也没有介入过园林的修建工作，况且一个敢于直言进谏，另一个自来不惧权贵，他们都不是泛泛之辈，不轻易留题，便不好勉强。作为德寿宫园林设计最重要的一位参与者，只有宋孝宗自己最懂得美的理念何在，也最想向宋高宗述说造园的心境。于是他亲自赋写长诗一首，呈与宋高宗阅览。诗云：

山中秀色何佳哉，一峰独立名飞来。
参差翠麓俨如画，石骨苍润神所开。
忽闻仿像来宫闱，指顾已惊成列岫。
规模绝似灵隐前，面势恍疑天竺后。
孰云人力非自然，千岩万壑藏云烟。
上有峥嵘倚空之翠壁，下有潺湲漱玉之飞泉。
一堂虚敞临清沼，密荫交加森羽葆。
山头草木四时春，阅尽岁寒人不老。
圣心仁智情幽闲，壶中天地非人间。
蓬莱方丈渺空阔，岂若坐对三神山。
日长雅趣超尘俗，散步逍遥快心目。
山光水色无尽时，长将挹向杯中渌。

宋孝宗到底也是文艺传家的赵宋皇族之人，长诗虽没有华丽的辞藻，却将德寿宫的景致描写得极为细腻与生动，恍若飞来峰前冷泉亭下。若是不了解此诗的由来，恐怕会有不少人以为这是在真正的飞来峰前写就的作品。

宋高宗早就从山水与园林中读懂了宋孝宗的孝心，呈递至眼前的长诗，更让他欣喜不已，当即命人刻石，置于冷泉堂上。诗中的"壶中天地"本是道家语，被宋孝宗别出心裁地用于描绘园林景致。眼前的园景虽不比自然山水庞大，却能以小见大，包容宇宙万象。自此，"壶中天地"成为传统园林营建的固定模式之一。

相传从印度飞来的山峰，借着园林工匠们的巧手又从灵隐飞至德寿宫中，伴随着宋高宗、宋孝宗父子走过了不少清欢岁月，但到了国破家亡之时仍免不了破败废弃的命运。

明代书画家董其昌曾为冷泉亭撰有一副名联，上联曰："泉自几时冷起？"下联曰："峰从何处飞来？"或许无人能知飞来峰到底是从何处飞来，但却能知道这座山峰最后会归向何处。

南宋灭亡后，盗掘了宋六陵的杨琏真加在飞来峰这片南宋帝王最爱的山水上，用开凿佛教造像的方式实施他的艺术构想。他的构想并不单纯是为了美，更多地是出于厌胜的目的，以此粉碎宋代遗民心中有关故国的信念。

但山水形胜并不会因为某一个人出于本不美好的目的产生的作为而发生改变。飞来峰依旧是夏季纳凉、秋季赏叶的佳处。只是杭城内外的园林之中，在很长一段时间内，都没能再看到相似的身影出现，直到约六百年后，一位富可敌国的红顶商人买下了元宝街的宅地。

清同治十一年（1872），富商胡雪岩开始修建自己的宅邸。这座名为芝园的小园中也有一个不小的池塘，塘中有堤，亦可泛小舟，妙就妙在池塘的南侧还有一组高十余米的叠石。这组假山妙在自然，内部有几个相通的小溶洞，因而有"擘飞来峰之一支，似狮子林之缩本"的美誉。

虽然姑苏狮子林美名在外，是古典园林经典之作，但若将芝园中的假山与狮子林中的假山放在一起，便能很直接地感受到两者并非出自同一种审美渊源。凡是去过西湖的人，都会由芝园的巨大假山想起湖边的一处自然风景，熟知南宋掌故之人，也会由芝园的风景想到八百年前的一座园林。

前者是飞来峰，后者是德寿宫，巧合的是，芝园与德寿宫遗址仅一路之隔，正与八百年前从飞来峰飞来的那座惊世园林隔着时空相望。胡雪岩的生意败落后，再无人能知造园者是出于何种构思成就了如此巧作。是爱慕飞来峰，还是效仿德寿宫，抑或两者兼有，于是成了饶有意趣的议题。

唯一能确定的是，人类的历史虽然在不断演进，但衡量山水之美的准则并没有发生改变。湖边的飞来峰依然是审美典范、造园范本，为艺术家们所偏爱。或许芝园中的山峰亦是如此，就是从八百余年前的德寿宫中飞来的，正如八百余年前德寿宫中的山峰，是从灵隐寺前冷泉亭旁飞来的一样。

山满楼里的四季

现代著名杭州籍文学家郁达夫，曾经在《杭州》一文中写过这样一段话："一年四季，杭州人所忙的，除了生死两件大事之外，差不多全是为了空的仪式……甚至于四时的游逛，都列在仪式之内，到了时候，若不去一定的地方走一遭，仿佛是犯了什么大罪，生怕被人家看不起似的。所以明朝的高濂，做了一部《四时幽赏录》，把杭州人在四季中所应做的闲事，详细列叙了出来。现在我只教把这四时幽赏的简目，略抄一下，大家就可以晓得吴自牧所说的'临安风俗，四时奢侈，赏观殆无虚日'的话的不错了。"

《四时幽赏录》是成书于明万历八年（1580）的小书，后被收录于高濂的著作《遵生八笺》之中。书中以四季为线索，共辑录了四十八条与赏玩西湖山水有关的景致与活动。

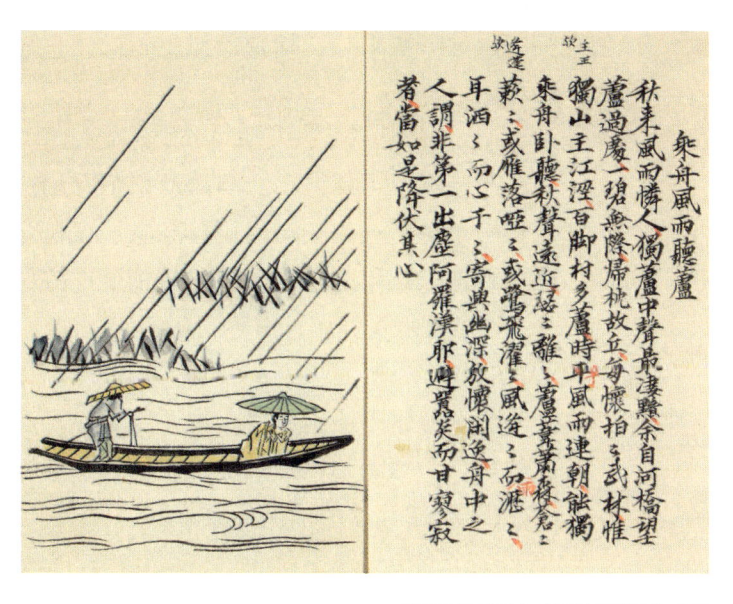

野间三竹插画本《四时幽赏录》书影

春时幽赏曰：孤山月下看梅花、八卦田看菜花、虎跑泉试新茶、保叔塔看晓山、西溪楼啖煨笋、登东城望桑麦、三塔基看春草、初阳台望春树、山满楼观柳、苏堤看桃花、西泠桥玩落花、天然阁上听雨。

夏时幽赏曰：苏堤看新绿、东郊玩蚕山、三生石谈月、飞来洞避暑、压堤桥夜宿、湖心亭采莼、湖晴观水面流虹、山晚听轻雷断雨、乘露剖莲雪藕、空亭坐月鸣琴、观湖上风雨欲来、步山径野花幽鸟。

秋时幽赏曰：西泠桥畔醉红树、宝石山下看塔灯、满家弄赏桂花、三塔基听落雁、胜果寺月岩望月、水乐洞雨后听泉、资严山下看石笋、北高峰顶观海云、策杖林园访鞠（菊）、乘舟风雨听芦、保叔塔顶观海日、六和塔夜玩风潮。

冬时幽赏曰：湖冻初晴远泛、雪霁策蹇寻梅、三茅山顶望江天雪霁、西溪道中玩雪、山头玩赏茗花、登眺天目绝顶、山居听人说书、扫雪烹茶玩画、雪夜煨芋谈禅、山窗听雪敲竹、除夕登吴山看松盆、雪后镇海楼观晚炊。

万历三年（1575），高濂从京师回到杭州。因为屡次科考不第，过去的年月里，高濂一直在北京候缺。仕途不顺加之数年之内妻子与父亲相继亡故，高濂心灰意冷，决心回故乡隐居，再不问功名。

他奉苏轼"江山风月，本无常主，闲者便是主人"之科律，于西湖苏堤跨虹桥下向东数步的位置，修建居所"山满楼"，背山面湖而居。

虽然高濂自谦山满楼不过数间小屋，实际上山满楼不仅仅是一座普通的小楼，还是一座藏书楼。高濂的父亲为了培养独子，自其出生起便为他建立了藏书室，搜集大量古籍珍宝于其中。

高濂收藏颇丰且见闻广博，得益于父亲的遗泽。高父本寄望于高家能出宰辅之才，然而虽培养出了可称全才的高濂，但他的人生兴趣点实在不在躲在书斋钻研诗书上。寄情山水更符合他闲云野鹤的人生志向。因此山满楼落成后，高濂长期居于此，得以饱览西湖风光。

春季，孤山的梅花绽放，高濂带上好酒呼朋唤友，一同在黄昏月下，于梅花树下吟诵诗词。孤山的梅花自林和靖隐居以来，历经五百余年时光。到高濂来时，已有三百六十之数，恍若罗浮山。

夏季，明月高悬，暑热之中，唯夜色清凉。高濂与天竺寺的僧人诗友坐于三生石下，煮一壶清泉，沏一杯香茶，谈禅论诗。清风徐来，树影婆娑，浮于地面，仿佛仙境。忽然山上传来野鹤的啼鸣声，让人想起《诗经》中的名句"鹤鸣于九皋，声闻于天"。

秋季，菊花盛开之时，高濂扶杖遍访杭城内外的大小园林，只为寻得当年陶渊明"采菊东篱下，悠然见南山"的雅趣。然而菊花淡然，率为隐士所爱。明代中晚期，在商品经济浪潮影响下，擅于并爱好艺菊之人已不多见，因此往往寻见一处已十分难得，高濂更向园林的主人求见花圃，与其花下品评，研讨栽培之法，伴以饮酒赋诗。乃至华灯初上，对月吟咏，终不忍离去。

冬季，雪夜深山，高濂宿于禅寺之中。僧人采摘新鲜山芋供高濂食用，味道鲜美。饱餐一顿后，高濂问僧人：何为禅？僧人答：你手上拿着的山芋便是禅。今人

〔宋〕佚名《春游晚归图》

读起这段文字，往往被绕于其中，不解其惑。实际上，"煨芋谈禅"四字来源于一段佛教公案。

相传中唐时，李泌宿于山寺之中，发现人称懒残和尚者实乃得道高僧，便趁夜慕名拜访，哪知却遭到破口大骂。李泌唯拜而已。正在牛粪火堆旁烤芋头的懒残和尚，取出一个芋头后自己吃掉了半个，将剩下半个给了李泌，说："慎勿多言，领取十年宰相。"

高濂之所以吃着芋头就想到了这则典故，想必也是对人生的功名利禄、真理与价值在何处有所疑惑。尽管他已决心归隐，但总有迷惘之时，与高僧的一番交谈让他明白了放下执念的道理。

为更好地出游赏景，高濂对游具也甚是讲究。载于

《遵生八笺》的游具有竹冠、披云巾、道服、文履、道扇、拂尘、云舄、竹杖、瘿杯、瘿瓢、斗笠、葫芦、药篮、棋篮、诗筒、葵笺、韵牌、叶笺、坐毡、衣匣、便轿、轻舟、叠桌、提盒、提炉、备具匣、酒樽等。正如那幅佚名册页《春游晚归图》的一角：仆从们背着椅子，扛着几案，挑着食盒，手提水壶，跟在骑马的主人后面。

高濂所写比之宋明文人士大夫的日常生活也并没有夸大到哪里去。只是这桌子要两张之外，还得再加小几一张，用于列炉焚香、置瓶插花。轻舟则要能容纳宾主六人、童仆四人，条条框框的要求实在显得奢华。就是这样细致精心谋划下的四季游观，让高濂用数年时间锤炼出了一册名扬千古的《四时幽赏录》。

《四时幽赏录》记述的内容以西湖山水为主，兼顾城中、西溪、郊外等地风光。然而仔细梳理条目就会发现，有一半以上的内容聚集在高濂的别墅山满楼周围，大多以宝石山、西泠桥、苏堤、三塔基为主角。

高濂极少涉足北里湖沿岸及湖心区域以外的景点，真正的活动范围在三里之内。尤其在冬季与夏季，自幼体弱多病的他，在这两个气候相对较为极端的季节较少纵情出游，因此便出现了大量在家中可做的雅事与可赏的景致。与其说高濂笔下所书写的是西湖的四季，不如说那就是山满楼里的四季。

山满楼在《四时幽赏录》中化为了"山"字，出现在赏景中："每春当高卧山中，沉酣新茗一月"（《虎跑泉试新茶》）；"湖山过雨，残日烘云，峦霭浮浮，林铺翠湿"（《湖晴观水面流虹》）；"山楼一枕晚凉，卧醉初足"（《山晚听轻雷断雨》）；"夏日山亭对月，暑气西沉，南薰习习生凉"（《空亭坐月鸣琴》）；"山阁五六月间，风过生寒，溪云欲起，山色忽阴忽晴，湖光乍开乍合"（《观湖上风雨欲来》）；"时向山居，曝背茅檐，看梅初放"（《山居听人说书》）；"时乎南窗日暖，喜无髭发恼人，静展古人画轴，如《风雪归人》《江天雪棹》《溪山雪竹》《关山雪运》等图"（《扫雪烹茶玩画》）；"山窗寒夜，时听雪洒竹林，淅沥萧萧，连翩瑟瑟，声韵悠然，逸我清听"（《山窗听雪敲竹》）。

高濂兼文学家、收藏家、鉴赏家的身份于一身。创作了《玉簪记》的他爱听《水浒传》，更爱把玩古籍，认为藏书乃生平第一要事。因家藏颇丰的缘故，高濂见识广博，对辨别宋元刻本有着自己的经验，认为宋人之书，纸坚刻软，字画如写，格用单边，间多讳字，用墨稀薄，虽着水湿，燥无湮迹，开卷一种书香，自生异味。然元刻仿宋者，纸松墨硬，用墨污浊，开卷了无嗅味。

在《扫雪烹茶玩画》中，高濂对着南窗之外的自然山水揣度古人用笔，自然对绘画也有自己的态度。他推崇唐画，认为唐人之画为万世之法，庄重律严，不求工巧，后人之画皆为刻意工巧，缺乏唐人的浑然天成。

明代中后期的美术史品评已经从重宋转变为重元，但高濂不以为然。他爱重唐画，但仍以为在物趣上宋人还是远迈唐人，并批评了当时的鉴赏家皆认为宋人的院画不足为重，只追捧元画的"歪风邪气"。他敏锐地指出哪怕是元代黄公望这样的大家，其笔法源流也要追溯至南宋的李唐、夏圭，而王蒙的变色之法得益于南宋的刘松年。至于赵孟頫，他深得两宋李公麟、马和之白描的精髓，构图效法的是李成与刘松年，设色则得赵伯驹、李嵩之笔意，画面生气直接承继马远与夏圭的高旷宏远。因此，元代的名家们虽足以扬名当代，但说他们远胜宋人则夸张了。

高濂家底殷实，过目的书画不计其数，加之本人并无"派系"之别，因而对于宋元之间艺术传承大于断裂的认识远超明末董其昌等人，堪称明代第一流的美术史研究者。

最让高濂得意的还数在山满楼望苏堤。从二月柳，三月桃，到初夏新绿，仲夏之莲，尽在高濂眼中。山满楼的屋檐与苏堤近在咫尺，可直接相连。苏堤上的柳树从正月上旬的鹅黄色到二月的鸭绿色，色最撩人。尔后柳絮纷飞，上下随风，缭绕歌楼，飘扑僧舍。

高濂对桃花爱不释手，这才写出了《四时幽赏录》中最长的篇幅来描述苏堤桃花的各种姿态。他还注意到桃花落瓣时，因为风的吹拂，苏堤的桃花多随着水流的方向堆叠在西泠桥畔。能将苏堤上的桃花从将开至飘落赏得如此细腻，若不是就住在堤头，恐怕很难做到。

桃花凋谢后，苏堤就变成了绿色的世界。桃叶与柳叶尚新，如人之衣裙。高濂与知己好友们常常沿着苏堤一路走去，每经过一座桥便铺席其上，饮酒赋诗，若无佳句则罚酒数杯。压堤桥畔种满了红白莲花，夏日泛舟至此，清芬袭人，可酣然入睡。

例如，万历三十一年（1603）二月，高濂一如往常住在山满楼中。早已惦记着西湖桃花踪影的冯梦祯与王问琴、沈伯宏、俞唐卿一行，在经过苏堤附近时，想起了这位湖山居者，特地将高濂延请到了自己的舟船上，一同放游苏堤、杨公堤、岳王庙、孤山。

当日，杨公堤上桃花开者十之三，苏堤上更是只有数株。花未全开，自然有些不满足，于是续约明日之游。赏桃的行程从十二日始至十九日结束，历经了西湖上桃花的整个开放过程。依照冯梦祯的记载,高濂仅在十二日与十四日两天参与了活动。

这是有史可稽,年近八旬的高濂最后一次在最爱的苏堤赏桃。春天的山满楼最终无了他的身影,人生的四季最终停止在了春天满堤的桃花树下。

做一回梦中人

崇祯五年十二月(1633),张岱住在西湖。这一年的冬天严寒,大雪洋洋洒洒三日才停。往日喧闹的湖边莫说是行人往来,就连鸟兽之声都已闻不见。风雪之声反而激发了张岱的游兴。晚上七八点,他穿上最厚实的皮毛外衣,怀抱着取暖的炉子,驾上一叶扁舟驶向湖中,目的地是湖上岛屿湖心亭。

冬天的日落本就较早,何况是雨雪天。雪中的夜晚,即使是环湖灯光明亮的今天,恐怕游人都已散去,何况是尚没有电灯的年代。张岱着实是一个奇人,才会在如此时节做出这般奇事。

此时的西湖,积雪满山,云雾弥漫,天与云、山与水都是无瑕之色,连接在一起而无法分辨。湖上只有长长的苏堤、圆圆的湖心亭与小小的行船留下了影子,远处望去有小人两三个。

张岱的描述自然是美的,但却多少有些夸张。且不说当时湖上还有白堤与孤山,就是湖中之岛,除湖心亭外,也还有占地面积更大的小瀛洲。这样夸张的写作手法,颇有天地之大,吾独往来的境界。想必那舟中的两三个人,一个是船夫,一个是书童吧。

第一章 湖山落吾手

湖心平眺

　　船到湖心亭时，早已有人"恭候"在此。只见两人铺毡席地而坐，还有一位童子正在旁边看着酒炉，炉酒正沸。这两人看到竟有"奇人"登岛，喜出望外。此时此刻的西湖上，还能去哪里寻找这样的人？他们满怀热情地邀请张岱一同喝酒，然而张岱不胜酒力，勉强喝了三大碗，就要与他们告别。临别前询问他们的姓名，从何处来，才知原来是客居西湖的金陵人。

　　小船荡漾回原路，下船之时，船夫颇为感慨地对张岱道："别说相公您痴迷西湖的山水，原来还有比相公更痴迷的人呐。"

　　这场毫无预见的雪中三人成饮，被张岱写入了《陶庵梦忆》之中。这篇小文不仅成为明清散文的典范之作，也是文学史上描写西湖雪景数一数二的佳品。

　　　崇祯五年十二月，余住西湖。大雪三日，湖中人鸟声俱绝。是日更定矣，余拏一小舟，拥毳衣炉火，独往湖心亭看雪。雾凇沆砀，天与云与山与水，上下一白。湖上影子，惟长堤一痕、湖心亭一点，与余舟一芥、舟中人两三粒而已。

到亭上，有两人铺毡对坐，一童子烧酒，炉正沸。见余，大喜曰："湖中焉得更有此人！"拉余同饮。余强饮三大白而别。问其姓氏，是金陵人，客此。及下船，舟子喃喃曰："莫说相公痴，更有痴似相公者！"

这篇《湖心亭看雪》只是《陶庵梦忆》中的一页，虽然短小却饶有意趣。《陶庵梦忆》这本今日的畅销散文集，实际成书于明朝灭亡之后，直到清乾隆四十年（1775）才第一次刊行。书中记录了张岱半生的所见所闻，饱含着一代遗民的黍离之悲。因而那年西湖大雪中的孤寂，在优美之外，读来多少有些莫名的惆怅。

张岱有一篇《自为墓志铭》，即生前由自己撰写的墓志铭。其中写道："少为纨绔子弟……劳碌半生，皆成梦幻。年至五十，国破家亡，避迹山居，所存者，破床碎几，折鼎病琴，与残书数帙、缺砚一方而已。布衣蔬食，常至断炊。回首二十年前，真如隔世。"

出生于锦衣玉食的书香大族的张岱，年轻时身上有不少公子哥习气，堪称晚明文人的典型形象。然而他浪荡半生，到了知天命之年，忽然经历了改朝换代、国破家亡，一切如黄粱一梦般在瞬间破灭。

他在墓志铭中回忆了六岁之时，跟随祖父来到西湖，与当时名士陈继儒相识的经过。张岱的祖父张汝霖与陈继儒是好友，二人皆有别业坐落在西湖边，因而时常相聚于此。陈继儒自号"麋公"，常骑着一只大角鹿穿行在苏堤柳行间，这只鹿恰为张汝霖所赠。张岱因爱好读书，颇得祖父宠爱，故而得以追随祖父往来于杭州与山阴。在一次聚会上，年幼的张岱跟随着祖父拜会了陈继儒。

这位奇人当时正痴迷于驾乘这独一无二的坐骑漫游西湖的山水。他早就听闻张岱是个读书种子，虽然年纪尚小，但作对赋诗已经颇有水准，因而决定当面一试。于是他指着屏风上的《李白骑鲸图》出对道："太白骑鲸，采石江边捞夜月。"张岱果然不负所望，应声答道："眉公跨鹿，钱塘县里打秋风。"

虽然这位晚出生约四十年的黄口小儿不仅答得甚妙，而且还嘲讽了自己一番，但陈继儒丝毫没有介意，反而开怀大笑，称张岱为小友，结为了忘年交。陈继儒激赏张岱的才学，认为这个孩子将来必成大器，却没能料到日后他竟"一事无成"。

除却老家的故宅，张家在西湖的园林叫寄园，由张岱的祖父所建，位于涌金门外一带沿湖的岸边，应当就是崇祯五年（1632）张岱前往湖心亭赏雪之时居住的地方。寄园的存在，使张岱得以与西湖结识，也能够长居西湖，从而可以优游湖山，赏遍西湖的风月。

明清之际战争的爆发，让这个不事生产的读书人从家境富足变成一贫如洗，无法再享受优渥的生活，也被迫远离了西湖的山水。

"甲申以后，悠悠忽忽，既不能觅死，又不能聊生，白发婆娑，犹视息人世。"在明末的战乱中，张岱匆忙避难至剡溪，临行前只能匆匆抽取数卷珍本带走，其他绝大部分收藏都留在了家中。

清军占据江南后，用这些书籍的纸张来生火，甚至将一箱箱书籍抬至江边充作战争中抵挡武器的盾牌，四十年来的心血毁于一旦。最后陪伴张岱的只剩一把琴、数本书与一方砚台。

离开西湖的二十八年间，张岱没有一天不梦见西湖的山川与人文。虽曾在顺治十一年（1654）与顺治十四年（1657）两次于湖边匆匆走过，然而眼中所见的景象，已不复当年情状。

前甲午、丁酉，两至西湖，如涌金门商氏之楼外楼，祁氏之偶居，钱氏、余氏之别墅，及余家之寄园，一带湖庄，仅存瓦砾，则是余梦中所有者，反为西湖所无。及至断桥一望，凡昔日之弱柳夭桃、歌楼舞榭，如洪水湮没，百不存一矣。

记忆中沿湖的贵家园林，断桥的柳桃、楼榭，都已经消失不见，繁华的西湖只剩颓败与沧桑。被思念裹挟的作者，带着期盼匆匆而来，却只能带着失望落寞而归。方明白时过境迁，梦中的西湖是他对往事怀念的投影，而现实再也回不到从前。

家中的孩子们不知从哪里听闻了西湖山水甲天下的美名，偶尔环绕在张岱的膝下时，便向他问起西湖的模样，而他所能回答的都是已经不存在的景致。特殊的时代经历，令张岱这位老人产生了想要将记忆中的西湖山水永久传承下去的愿望，因此写作《西湖梦寻》七十二篇留给后世之人，让今人得以了解他前半生记忆中明朝末年时西湖的模样。

这位最了解西湖历史掌故之人，也是最懂如何品读游览西湖之人。他在《西湖梦寻》的开篇《西湖总记·明圣二湖》中写道："在春夏则热闹之，至秋冬则冷落矣；在花朝则喧哄之，至月夕则星散矣；在晴明则萍聚之，至雨雪则寂寥矣。"

对此，张岱提出游观西湖正如读书，也有三余——岁之余的冬日、日之余的夜晚与月之余的雨中，与"晴湖不如雨湖，雨湖不如月湖，月湖不如雪湖"颇有相通之处。游湖看上去虽只是简单的娱乐，实际却是审美的实践，并非容易之事。

如果说《湖心亭看雪》所诠释的正是三余之中的岁之余，那么《陶庵梦忆》中另一篇散文《西湖七月半》诠释的就是发生在日之余的游湖赏景。农历七月十五日并不只是今人所知的盂兰盆节或中元节，因为正值夏日，正好是《明圣二湖》中所言的热闹时节，自然就变成了游湖佳时。

在张岱眼中，西湖的七月半，最值得关注的倒不是景致而是人物。他将游湖之人分为了五类：

第一类，将船只装点得格外华丽，灯火通明，打着赏月的旗号，却并未行赏月之实的人。

第二类，携带美人在露台上坐着嬉笑玩闹，就在月亮的底下，然而眼中依旧看不见月亮的人。

第三类，与名妓、闲僧同行，亦有丝竹管弦助兴。虽也像模像样在赏月吟唱，但又不仅于此，他们更希望别人能关注他们是在如何赏月。

第四类，衣衫不整，酒醉半酣，三五成群高声喧闹，在昭庆寺、断桥一带嘈杂不已。他们既看月亮也看人，把不看月亮的人、看月亮的人统统看了一遍，实际却什么也没看到。

第五类，摇着小船，船上的小几上正煮着茶，只邀请几位好友与佳人，一同品茗望月。他们或躲于树荫底下，或远离吵闹，停船于里湖中，只专心赏月，并非赏月给人看，因此人们也看不到他们赏月的样子。

张岱所列举的这五类人，做的都是月下"雅事"，格调却大不相同。歌舞、吵闹，聒噪地交谈，以及赏月给人看的"直播"，形象鲜活的图景，似乎三百余年来未曾改变。

不仅如此，他还深刻揭露了杭州人的游湖心理。通常是上午出门，下午太阳下山了就回家，平时并不喜欢夜游。只是在每年七月十五这天的晚上因为爱慕虚荣竞相出城，甚至不惜多给守城的士卒一些小费，让轿夫们高举着火把在岸边等待。

他们一上船就催促船夫赶快划到断桥，好赶上一年一度的盛会。因此二鼓之前，人的声音与鼓乐的声音交杂在一起，就像巨浪掀天一般吵闹不已。在这样的环境中，相互交谈既听不到别人在说什么，别人也听不清自己在说什么。

湖上也是一样情形，大船小船一起争相靠岸，只能看到船和船之间的碰撞、人与人之间的拥挤。等到兴致寥寥，官府的宴席结束，衙役开道离去，岸上的轿夫便开始呼喊船上的人们，以城门将要关闭为由，催促他们早点回家。于是灯笼和火把簇拥着一群又一群人，急忙赶向城门。人群慢慢稀少，不久就作鸟兽散了。

世俗的活动结束后，才轮到张岱一行人优雅地赏月开始。人烟散尽，他们的船只靠近湖岸。断桥边的石磴才刚凉了下来，便在上面铺设酒席，开怀畅饮。此时的月亮就像新打磨的镜子一样明亮，西湖的山水在月色的照耀下也好似重新梳了妆。

在月下浅吟低唱之人与隐匿于树下之人都跑了出来，与张岱一行同席共坐。韵友、名妓相伴于侧，酒食与歌乐齐备于席，直到月色苍凉即将破晓才纷纷散去。乘着扁舟徜徉于十里荷花之中，在香气缭绕间沉睡。

张岱便是那第五类并非赏月给人看之人。要不是他写下《西湖七月半》，今人自然也无从得知明代的知识分子如何在西湖赏月。吃喝玩乐本是俗事，而张岱一行人让俗事拥有了仪式感，进而产生美的品鉴，演变为一种审美情怀。

张岱的后半生，不停地在梦中怀念前半生的情怀，或许也是希望情怀能超越世俗成为未来新的时尚。

第二章

知音世所稀

寂寂竟何待，朝朝空自归。
欲寻芳草去，惜与故人违。
当路谁相假，知音世所稀。
只应守索寞，还掩故园扉。
——〔唐〕孟浩然《留别王侍御维》

牡丹花开时

花痴白居易酷爱牡丹。这位认为牡丹"秾姿贵彩信奇绝，杂卉乱花无比方"的太守大人，甫一就任杭州知州就满城寻找牡丹花的踪迹。杭州乃江南小城，怎可与长安、洛阳相比？虽然已是中唐时期，但观赏牡丹的风潮还没能吹至钱塘江畔，因此找寻了数月都没有结果。

诗人徐凝听说白居易到了杭州，便从富阳前来拜访。路过清平山麓的开元寺时，发现僧人惠澄从洛阳移栽了牡丹花，便将眼前之景写成《题开元寺牡丹》一诗呈给白居易。

"此花南地知难种，惭愧僧闲用意栽。海燕解怜频睥睨，胡蜂未识更徘徊。虚生芍药徒劳妒，羞杀玫瑰不敢开。唯有数苞红萼在，含芳只待舍人来。"徐凝用诗歌诉说着牡丹花的培植不易，同时也是向白居易发出邀请，直言含苞待放的牡丹正在等待白居易的到来。

得到此诗的白居易喜出望外，即刻与徐凝相约一同赏花。一行人在花下饮酒赋诗，大醉而归。相传白居易还向惠澄讨要了花枝，移栽了几株牡丹在州治内的虚白堂前。

就在此时另一位诗人张祜也慕名来到了杭州。许是听闻白居易酷爱开元寺牡丹的缘故，张祜亦专程前往开元寺欣赏了一番，写下《杭州开元寺牡丹花》一诗："浓艳初开小药栏，人人惆怅出长安。风流却是钱塘寺，不踏红尘见牡丹。"

张祜的这首咏牡丹诗流传甚广，然而当此诗被呈至白居易手中时，太守大人却默不作声，并不如前一次看到徐凝的诗那样喜悦，可能是因为此诗只写了牡丹却没有提到太守。后人不知缘故，便说白公是早有了偏爱之心。

果不其然，在一次宴集中，白居易、徐凝、张祜三人共聚一堂。徐凝颇有些挑衅地问起张祜："听闻你也是诗人，可惜我读诗不多，不知一二，你都写有什么样的佳句，不妨说出来让大家见识见识。"

张祜还以为徐凝是真心讨教，本着互相切磋之心，顺带点骄傲自满之情答道："我写的《甘露寺》一诗有'日月光先到，山河势尽来'，另外《金山寺》一诗有'树影中流见，钟声两岸闻'。"

哪知徐凝不以为意，当着众人面拆了张祜的台："好诗是好诗，但不如我的'今古长如白练飞，一条界破青山色'。"一语说得张祜哑口无言，满座尴尬不已。

就在此时，白居易打破了宴席上的平静，他直接判定徐凝的诗写得更棒。于是当天参加宴集的人都明白了太守待徐、张二人的亲厚差别。

时光流转来到北宋，杭州城内欣赏牡丹的佳处已不在开元寺，而是转移到了而仙林桥附近的吉祥寺中。治平二年（1065）五月，书法家蔡襄来到杭州。吉祥寺的守璘和尚是蔡襄的旧相识，好多年前蔡襄经过杭州时就曾在吉祥寺中赏过牡丹，写下过《杭州过璘上人花圃》《杭州璘上人以花栽数种见寄》等诗。因而到任杭州后不久，他就去吉祥寺中拜访了旧友。

"重来草树惊秋色，零落交朋感旧题。若使他年逢胜赏，一觞知复共谁携。"当时已过了春日牡丹花开的时节，璘上人的花圃中已经秋色渐染。虽然没有春花可赏，但眼前的情景，让蔡襄想起了当年同好友苏舜元一起欣赏牡丹的往事。今日，好友苏舜元已故世十余年，蔡襄自身也年逾五旬，过了知天命的年纪，眼前满是山水依旧而人生不再的惆怅。

第二年的三月，蔡襄琢磨着牡丹花将开，早早便做好了赏花的打算。"欲寻轩槛倒清樽，江上烟云向晚昏。须倩东风吹散雨，明朝却待入花园。"十二日的晚间，他站在州治的高楼上，俯瞰着奔流不息的钱塘江，想起了唐代张旭的《春游值雨》，已在盘算等待东风吹散了夜雨，第二天定要前往吉祥寺去看看花开得如何了。

果然翌日雨过天晴，蔡襄如预想的来到吉祥寺中拜访守璘，并一同赏花，直待月上东山。可惜的是寺中的牡丹还没有完全绽放，正如农历十三夜的月还将圆未圆一样。"花未全开月未圆，看花待月思依然。明知花月无情物，若使多情更可怜。"

蔡襄带着些许遗憾回到州治，于十五日晚间将这两日所吟的诗歌写下，号《山堂帖》，而今收藏在台北故宫博物院中。几天后，牡丹花开至全盛，蔡襄与提刑郎

〔宋〕蔡襄《山堂帖》（局部）

中一同再度前来吉祥寺。这一次，不独有他来赏花，老百姓们听闻吉祥寺牡丹的盛名也纷纷前来一探究竟。

两位长官一边赏花一边饮酒，时不时放歌一曲，最后心满意足地与游人们一同离去。但蔡襄的赏花之旅并没有结束。次日，侍亲至孝的他带着老母亲再次来到吉祥寺中。花开不过数日，蔡襄不厌其烦三临吉祥寺，可见他爱花之甚，然而仅在半年之后，蔡襄因母亲病殁扶柩归乡并于次年病逝，终使吉祥寺的牡丹失去了一位知赏之人。

唐代刘希夷的名作《代悲白头翁》有言："年年岁岁花相似，岁岁年年人不同。"吉祥寺的牡丹亦如是。蔡襄走后数年，另一位知州沈立在吉祥寺举办了一场盛大的牡丹花会。

沈立是一位地道的牡丹迷，比白居易与蔡襄更痴迷牡丹的风姿，甚至撰写过十卷的《牡丹记》。这套北宋的牡丹大全虽已失传，但苏轼为沈立所作的《牡丹记叙》依然留存于世。当时的苏轼正在杭州通判任上，正是熙宁五年（1072）三月二十三日吉祥寺牡丹花会的亲历者。

> 熙宁五年三月二十三日，余从太守沈公观花于吉祥寺僧守璘之圃。圃中花千本，其品以百数。酒酣乐作，州人大集，金盘彩篮以献于坐者，五十有三人。饮酒乐甚，素不饮者皆醉。自舆台皂隶皆插花以从，观者数万人。明日，公出所集《牡丹记》十卷以示客，凡牡丹之见于传记与栽培养剥治之方，古今咏歌诗赋，下至怪奇小说皆在。余既观花之极盛，与州人共游之乐，又得观此书之精究博备，以为三者皆可纪，而公又求余文以冠于篇。

苏轼陪同沈立前往吉祥寺观花，见守璘的花圃中有上千株牡丹，品种足有数百个之多，大为惊叹。当日于花下饮酒赏乐时，杭州城的老百姓们也都闻风而来，用金盘和彩篮盛满鲜花献与知州一行人，令在场的高官、小吏们情绪高涨，连平日不喝酒的人都醉倒在了花丛间。沈立、苏轼等人则纷纷簪花发间，引发了万人围观。

宴集结束后，知州与随行官员们相互搀扶，沿着河岸边醉酒而归。"人老簪花不自羞，花应羞上老人头。醉归扶路人应笑，十里珠帘半上钩。"这首《吉祥寺赏牡丹》就作于花会当日。第二天，沈立将自己所著的十卷《牡丹记》给众宾客传阅，并请苏轼撰写叙文。

举办牡丹花会的当年八月，沈立调离了杭州知州任。这年冬至那天，苏轼一个人来到吉祥寺独自徘徊，怀念花开时的热闹。他想再现牡丹花下把酒言欢之景，因而在第二年春天的花季，作为一个"老杭州"向接任沈立工作的陈襄发出了一同赏花的邀请。

约定的当天,苏轼早早来到吉祥寺中等候,但左等右等都不见知州的身影。可惜如此好花竟无人一同知赏的苏轼,自觉不好催促忙于公务的陈襄,便写了一首《吉祥寺花将落而述古不至》呈与他看。

"今岁东风巧剪裁,含情只待使君来。对花无信花应恨,直恐明年便不开。"陈襄本没有把苏轼的邀请太放在心上,毕竟之前已经放了这位年轻的通判不少次鸽子。待收到诗后一看,苏轼竟然说如果言而无信,那么牡丹花明年就不会再开放了。这哪里是花儿在等陈襄,分明是苏轼借用牡丹花的口吻在诉说自己的委屈嘛。

于是第二天陈襄就推开了一切公务,赶到吉祥寺赴约。苏轼这个终于心满意足的"小马屁精",便借着《述古闻之明日即来坐上复用前韵同赋》一诗再度讨得陈襄一笑。"仙衣不用剪刀裁,国色初酣卯酒来。太守问花花有语,为君零落为君开。"苏轼与徐凝一样,直言吉祥寺的牡丹那是为太守你而开的,陈襄自然乐得开心。

这年冬天,苏轼又至少去了两次吉祥寺。其《冬至日独游吉祥寺》曰:"井底微阳回未回,萧萧寒雨湿枯荄。何人更似苏夫子,不是花时肯独来。"《后十余日复至》曰:"东君意浅著寒梅,千朵深红未暇裁。安得道人殷七七,不论时节遣花开。"

数千株牡丹,看着这群士大夫春天热闹而来,冬天落寞而至,想必也想赋诗数首记录下这样的故事,或是赠与独自来此对花忆友的男子汉们。从熙宁四年(1071)岁末到达杭州,至熙宁七年(1074)离任,苏轼在杭州度过了两个春天。第一年的春天,他陪同沈立前往吉祥寺,见证了杭州的牡丹会。第二年的春天,他以"地主之仪"邀请陈襄赏花结交到了挚友,然而这年的年末,他被派往常州、润州一带赈灾,一去就是半年。待回到杭州时,已经错过了第三年春天的花期。十五年后,苏轼回到杭州,吉祥寺的牡丹依旧,但曾经一同赏花的沈立和陈襄都已离开人世。

"今年花落颜色改,明年花开复谁在?已见松柏摧为薪,更闻桑田变成海。"一年年牡丹花开时的故事,都保留在了书法与诗歌中。

寻隐者能遇吗

唐代贾岛名作《寻隐者不遇》曰:"松下问童子,言师采药去。只在此山中,云深不知处。"可知隐士多缥缈无踪,殊为难遇。西湖亦有隐士,姓林名逋,字君复,隐居孤山多年而不入城市。传说这位隐者爱好梅花,还养了两只鹤,以梅为妻,以鹤为子。

林逋的隐逸贤名远播海内,以至来访者络绎不绝,演绎出了明代《西湖佳话》中《孤山隐迹》一文。

> 是时四方贵客不远千里而来访和靖者甚多。奈何和靖旷达襟怀,除梅花盛开之日,杜门不出,余日则闲放小舟,遨游湖曲,竟日不归,殊无定迹。守门童子皆不知其处。自有二鹤之后,又见鹤知人性,每欲饮食,便俯首长鸣于和靖之前,和靖朝出暮归,必引颈相迎,如有所依之状……

佳话中的林逋养了两只颇通人性的鹤,如侍者一般迎送主人,自然令跟在林逋身边的童子要比贾岛《寻隐者不遇》中的那位童子省心得多,因为鹤就是传递信息

林和靖之墓

的使者。林逋放游湖山时常难寻踪迹，连童子也不知道他去往了何处。一旦有人来访，童子便放飞白鹤盘旋空中。只要看到湖上有白鹤飞翔，林逋便知有宾客在家中等候，遂棹舟归航。这样，既免去了不遇的尴尬，又可以畅游湖山，岂不两全其美？

然而历史上真实的林逋从小体弱多病。或许他也曾想到可以用白鹤作为信使，只是来客虽多，但多病之躯亦常居家，故也不必多此一举。

林逋隐居湖上时，高僧省常所主持的西湖白莲社正在离孤山不远的昭庆寺中开展声势浩大的文学结社活动。来往于林逋隐居的巢居阁中的贵客往往也是对岸省常的座上宾。就连与他邻门而居的知己智圆也加入了诗社。

尽管知己、旧友纷纷投诗入社，但衰老的林逋自认早已没有年轻时在历阳结社，青春纵酒的豪情。这大概是他最终没有加入这场文学活动的重要原因之一。

天圣五年（1027）初春，昭庆寺省常的高徒虚白上人敲响了巢居阁的门扉。当时正逢天降大雪，林逋亦卧病在床。因是久居西湖的旧交前来，林逋还是挣扎着从床上起身为他打开了门。

令林逋意外的是，门外除了虚白，还立着一个年轻的书生。年轻人自言是久仰林先生之高名，故特求虚白上人引见。自知雪夜不便到访，无奈此番行程匆忙，不想错过来之不易的拜见机会。林逋见天寒地冻，不宜久留屋外，遂请二人至巢居阁中小坐。

一番寒暄过后，年轻人自报家门，姓梅，名尧臣，字圣俞。年少时曾随叔父一同宦游，常听他提起先生的高风，早已仰慕甚深。此次前往会稽寻访先祖遗迹，回程路过杭州。想到心中憧憬多年却苦于无缘相见，便斗胆来湖上一寻先生身影以求如愿。因叔父二十年前曾入西湖白莲社中与虚白上人有过旧交，未免唐突，便央求上人带路而来。年轻人所言让林逋想起了年轻时的旧友梅询，一问果然如是，眼前之人正是梅询的侄子。

景德二年至四年间（1005—1007），梅询先后在杭州任两浙转运副使、杭州通判、两浙转运使等职，常与林逋一同畅游湖山。梅询独爱灵隐一带的山色，曾作《武林山十咏》与林逋一同欣赏品题。尔后离任远去，陈尧佐继之，他听闻林逋乃西湖老人，常出入灵隐山，便邀其一同出游为初来乍到的自己作向导。

那日两人沿灵隐涧溯流而上，过呼猿洞、谢灵运翻经台、葛洪炼丹井，远眺神尼舍利塔……将梅询《武林山十咏》中提及的景物历数一遍，而后闲栖山水，唱和诗篇，写下《和运使陈学士游灵隐寺寓怀》。如今算来可谓时光荏苒。

梅尧臣的冒雪到访让林逋格外高兴，他见年轻人的衣裳早被雨雪湿透，便燃起炉火为其烘烤，还拿来山葛、棠梨，与他举酒对饮。席间，梅尧臣即兴赋诗一首，林逋即席以诗《和梅圣俞雪中同虚白上人见访》相和："湖上玩佳雪，相将惟道林。早烟村意远，春涨岸痕深。地僻过三径，人闲试五禽。归桡有余兴，宁复比山阴。"

林逋见梅尧臣文采风流，便知他将来必成大器。又听他言方才成家，正要出仕，亦勉励其应知兼济天下。此后听闻梅尧臣当上了太庙室长，更特地寄诗与他："君家先祖隐吴门，即日追游往事存。若向明时奏飞牍，并将康济息元元。"在林逋的眼中，好友的侄子等同于自己的孩子，他乐意看到年轻人的青春奋发，因为得君行道是他此生没能实现的梦想。

送走梅尧臣之后不久，又有另一个年轻人踏入了巢居阁。正居母丧的范仲淹来到杭州，专程前来孤山拜访林逋。但范仲淹寻隐者的经过没有梅尧臣那么顺利，第一次因为大雨倾盆，没能成行。这个年轻人写下了《与人约访林处士阻雨因寄》一诗专门记录此事，其中有云："蕙帐未容登末席，兰舟无赖寄前汀。湖山早晚逢晴霁，重待寻仙入翠屏。"可见拜见林逋一事在他心中是多么的重要。雨过天晴后，范仲淹重新踏上了寻隐者的路途，这次他与一位沈书记一同前来，终于如愿见到了心中的偶像。

"山中宰相下岩扃，静接游人笑傲行。碧嶂浅深骄晚翠，白云舒卷戏春晴。烟潭共爱鱼方乐，樵爨谁欺雁不鸣。莫道隐君同德少,樽前长揖圣贤清。"范仲淹激动得如同少年一般,少见地在拜见林逋的前后写下《和沈书记同访林处士》《寄赠林逋处士》《寄西湖林处士》《寄林处士》等数首诗。他不光在诗中以"山中宰相"称呼林逋,更评价其"风俗因君厚,文章到老醇""未能忘帝力,犹待补天钧""巢由不愿仕,尧舜岂遗人"等,用尽了所能想到的夸赞。

林逋虽然隐居孤山已有二十年,但也不是不问世事之人。对于这位来访的年轻人,他倒是早闻大名,不仅知道范仲淹擅长写赋,还知道他曾递上《奏上时务书》与《上执政书》,敢于针砭时弊,直言自己的政治主张。

如果说与梅尧臣的相见,令林逋对未来有了期待,那么与范仲淹的会面则让他预感到时代即将迎来变革。他目送年轻人登舟远去,写下《送范寺丞仲淹》相送:"中林萧寂款吾庐,亹亹犹欣接绪余。去棹看当辨江树,离尊聊为摘园蔬。马卿才大常能赋,梅福官卑数上书。黼座垂精正求治,何时条对召公车。"他有一种预感,国家的未来就系于这位年轻人的肩头。遗憾的是一年之后,林逋便因病殁于孤山。

随着时光的流逝,当年寻隐而来的年轻人们逐渐成为国家的栋梁。他们并没有忘记西湖老人林逋和自己的青春岁月,在庆历七年(1047)的一场大雪中,已年逾不惑的梅尧臣倏然回想起了约二十年前冒着大雪前往西湖拜访林逋的往事,从而写下《对雪忆往岁钱塘西湖访林逋》绝句三首,其中第三首是这样写的:"樵童野犬迎人后,山葛棠梨案酒时。不畏尖风吹入牖,更教床畔觅鸱夷。"

读罢梅尧臣的诗作才明白林逋的隐居并没有《西湖

佳话》中描绘的那样浪漫。与林逋做伴的并非童仆和仙鹤，而是砍柴的小童与山中的野狗。所食之物也并非梅花瓣瓣，梅果粒粒，而是只有野菜、野果，茅屋也已经破漏不堪。初春的雪夜，寒风阵阵涌入屋内，但得柴不易的林逋怕冻坏了梅尧臣，还是为他燃起了炉火。

没多久，年轻人韩缜即将赴任钱塘宰，梅尧臣为其饯行又想起了往事，写下《送韩六玉汝宰钱塘》，其中有云："今逾二十年，志愿徒切切。方闻落君手，与我曾未别。景多诗莫穷，归载压车辙。"巧合的是，韩缜任钱塘令时的杭州知州，正是曾与梅尧臣在同一年拜访林逋的范仲淹。

二十余年过去，当年寻隐的人还在惦念西湖的山水和隐居在山水之中但早已别于人世之人，并不觉得曾有一日离开过这一片湖山。梅尧臣鼓励韩缜要多多写诗，莫辜负西湖的好风景。

隐者林逋早已故世，但寻隐者却不曾停下脚步。又二十年过去的治平二年（1065），蔡襄来到杭州，明知隐者不在，无法得访，却仍要前往孤山寻找旧庐，并作《经林逋旧居》二首以全心愿，其一云："修竹无多宅一区，先生曾此隐西湖。诗言不喜书封禅，亦有余书补世无。"

又二十多年后的元祐四年（1089），苏轼来到杭州。虽也是隐者无寻，但苏轼见到了林逋的墨迹，写下《书和靖林处士诗后》（集本作《书林逋诗后》，与帖本多字不同）。这幅法书现藏于故宫博物院中，见证了一次寻隐者却无法相遇的故事。

……我不识君曾梦见，眸子了然光可烛。……诗如东野不言寒，书似留台差少肉。平生高节已难继，

〔宋〕苏轼《书和靖林处士诗后帖》

将死微言犹可录。自言不作《封禅书》，更肯悲吟白头曲！我笑吴人不好事，好作祠堂傍修竹。不然配食水仙王，一盏寒泉荐秋菊。

苏轼说他虽与林逋无法相识，但却曾经梦见过对方，并在诗中赞叹了林逋的诗风可比孟郊，书法可比李建中，认为只有水仙王庙才足以祀奉高洁的林逋，使林逋成为继白居易之后第二位在西湖得到祭祀的先贤。

苏轼离开约半个世纪后的绍兴十四年（1144），宋高宗下令在孤山兴建四圣延祥观，所有寺庙尽数迁徙，唯有林逋祠墓被留存下来。隆兴二年（1164），杨万里与岳甫寻隐而来，在林逋旧居之外听到了琴声。或许是祠堂掌事的琴声，也或许是寻隐者心弦之音，隐于山林之士一直不曾离去。

元顺帝至元五年（1339），落魄江湖的道士张雨来到孤山，独立玛瑙坡前思量今古。西湖经历了改朝换代的摧残，较之两宋全盛之日已是面目全非，只有荒芜的山坡与堰塞的湖面。张雨沿着砍柴人留下的小径前去寻找高僧留下的古迹仆夫泉，感慨世事变迁，由此作《孤山晚步寄和靖掌祠怀中庸子》："玛瑙坡前立，荒陂接蓊田。试从樵子径，往觅仆夫泉。众草寒犹短，群峰晚更妍。谁欤结真隐，共老太平年。"中庸子即北宋初年住锡孤山寺的高僧智圆，他与林逋为邻，感情至深，常诗文唱和往来。

张雨之所以怀念智圆，乃是因为他羡慕林逋能在太平盛世归隐，且能有智圆这样的知己相伴。三百余年来，寻隐之人自己也成为隐者，而所寻之人却再也不复得见。

去龙井不为茶

元丰二年（1079）中秋的后一天，秦观从湖州前往绍兴，途中经过杭州，因收到来自住锡龙井寿圣院的高僧辩才大师的邀请而前往龙井山中。秦观出城之时已是夕阳西下时分，乘船至南山普宁寺附近，恰巧就遇到了熟人——住锡北山智果寺的诗僧道潜，便问他是否在此看到前往龙井山之竹轿。道潜告诉他，他来得不是时候，轿子已经走了。

很快夜幕降临，夜空中明亮的月光照亮林间，能辨清丝丝细发。秦观决定弃舟徒步，与道潜一同沿着湖岸策杖前行。经过雷峰与南屏山一带，赤足涉水渡过惠因涧后进入灵石坞，从灵石山上的小路攀登至风篁岭，于龙井亭中小憩。倚靠在石头旁的两人，汲取清泉一饮而尽。

回想途中，从普宁寺算起，一路至此经过的佛寺有十五座之多，但都十分寂静，听不到人的声响。路两旁的房屋，灯火隐隐约约，加之草木茂盛，流水奔腾，人

龙井泉

间哪有如此世外妙境？直到二更天，秦观与道潜才到达寿圣院，于潮音堂拜见辩才大师并留宿一晚，直至天明才离开。

这则访友偶遇旧交的故事，被秦观写成了《龙井题名记》：

元丰二年中秋后一日，余自吴兴来杭，东还会稽。龙井有辩才大师，以书邀余入山。比出郭，日已夕，航湖至普宁，遇道人参寥，问龙井所遣篮舆，则曰："以不时至，去矣。"

是夕，天宇开霁，林间月明，可数毫发，遂弃舟，从参寥杖策并湖而行。出雷峰，度南屏，濯足于惠因涧，入灵石坞，得支径，上风篁岭，憩于龙井亭，酌泉据石而饮之。

自普宁凡经佛寺十五，皆寂不闻人声。道旁庐舍，或灯火隐显，草木深郁，流水激激悲鸣，殆非人间之境。行二鼓，始至寿圣院，谒辩才于潮音堂，明日乃还。

这一年秋天，苏轼自徐州调任湖州途经秦观的故乡高邮，正巧秦观要去绍兴探望伯父，于是两人同行至湖州。秦观到达绍兴后，乌台诗案爆发，便又返回湖州探望苏轼，而后再度前往绍兴。夜上风篁岭拜会辩才的故事就发生在第二次前往绍兴的途中。

同年，秦观还写作了一篇《游龙井记》。如果说《龙井题名记》是游记的形式，记录了他前往龙井访问辩才的经过，《游龙井记》则是一篇介绍文，详细描写了龙井的地理环境，记叙了此地的历史人文，以及他和道潜于途中小憩的龙井亭的由来。

原来此年辩才因年老，从上天竺退居距离龙井一里路远的寿圣院。山中之人前往城中或游客来访寿圣院皆要经过井旁，辩才便在井上建龙井亭，并率弟子围着亭子诵读佛咒，希望能够告慰传说中的龙王。突然间，有大鱼从井水中一跃而出，旁观的人都感到十分惊讶，才明白了龙井之所以名"龙"的缘由。

辩才将这一奇闻告之秦观，在送他出山之时指着龙井对他说，这方泉水如西湖一样美好，如钱塘江一样壮丽，希望秦观能为此井撰记。秦观答允，于是就有了《游龙井记》与《龙井题名记》的问世。

次年，苏轼贬谪黄州，辩才与道潜派人前往慰问，并将秦观所作之记带与他欣赏。苏轼读罢全文，感慨秦观所写的风光俱是当年自己在杭州通判任上所观赏的风景，亲自为其题跋："览太虚题名，皆予昔时游行处，闭目想之，了然可数。"

他将文章与题跋一同寄给道潜，让他转交给辩才，同时请他若有机会前往高邮，亦可以抄录一份转交给秦观。尔后，书法家米芾到杭州任观察推官，机缘巧合下，秦观所写之记文为米芾书丹，成为寺中至宝，龙井也因此名声大振。

就在米芾为龙井书丹之后，曾做过杭州知州的赵抃在儿子的陪同下，再度踏上了前往风篁岭的山间小道。闻旧友来访，辩才特地于亭上为赵抃点茶。两人相谈甚欢，未承想当日留下的诗作二首却成为后世对龙井茶起源的争端。

赵抃诗曰："湖山深处梵王家，半纪重来两鬓华。珍重老师迎意厚，龙泓亭上点龙茶。"龙泓即龙井，辩才与赵抃当日在亭中所饮之茶名曰"龙茶"，令寻找西湖龙井之源的人们眼前一亮。

唐代的茶圣陆羽在《茶经·八之出》中著录："钱塘生天竺、灵隐二寺。"即是说灵隐寺与天竺寺一带的山脉，早在唐代已经开始栽植茶树，这便是历史上的香林茶。北宋之时，西湖还产白云茶，生于上天竺寺后的白云峰。林逋《尝茶次寄越僧灵皎》有云："白云峰下两枪新，腻绿长鲜谷雨春。"

让白云茶与龙井茶产生关联的人物正是辩才。辩才在退居龙井之前，曾住持上天竺寺法席达十七年之久。因而有人猜测，是辩才将茶种从白云峰带去了狮峰。

历史是否真是如此，没有时光机器便很难知晓。但读书人若接着将书页翻下去，读到辩才的和诗，恐怕就要失望了。"南极星临释子家，杳然十里祝青华。公年自尔增仙籍，几度龙泓诗贡茶。"原来那日辩才点的是贡茶小龙团。

虽然西湖龙井茶的源头没有找到，但也不必太失望，因为小龙团的创造者正是曾在治平二年（1065）任杭州知州的蔡襄。蔡襄在福建转运使任上时主持善制茶的北苑，于北苑茶大龙团的基础上改良创制了小龙团。

其中还有段趣事，出自传为苏轼墨迹的《天际乌云帖》。说的是杭州有一名叫周韶的官妓也擅长茶艺，蔡襄作为小龙团的创制者，在杭州任职时与其一较高低竟然惨败。《天际乌云帖》极大可能非苏轼真迹，故事自然也难辨真伪，但并不妨碍它的流传。这正如苏轼的另一幅书法《次辩才韵诗帖》一样。

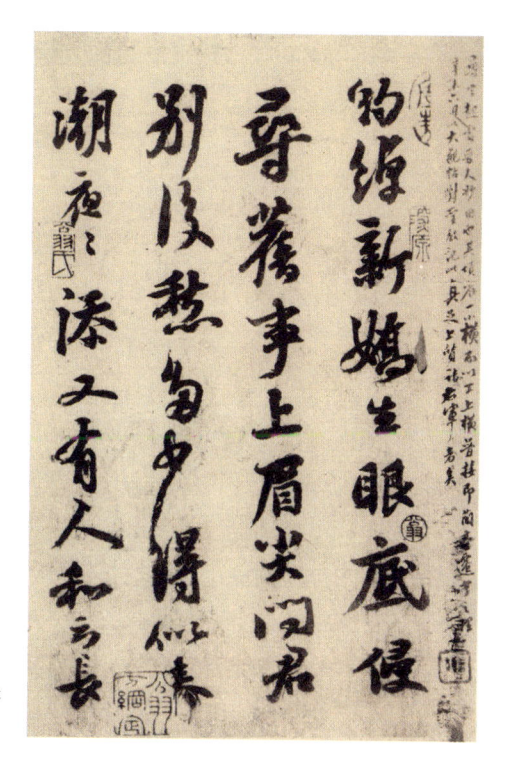

〔宋〕苏轼（传）《天际乌云帖》（局部）

〔宋〕苏轼《次辩才韵诗帖》（局部）

元祐四年（1089）七月，苏轼回到杭州。次年年初恰为辩才八十大寿，"道俗相庆，施千袈裟，饭千僧，七日而罢"。龙井山上"生日派对"连开七天七夜，道潜来贺，苏轼带着他的好朋友王瑜、张璪、周焘也来了。

这场"派对"最重要的环节还不是千僧同品素斋，而是"来馈芗茗"。芗者，一为调味香草，一为谷物香气。《礼记·曲礼下》记载："黍曰芗合，粱曰芗萁。"茗自古便是茶的别称，陆羽《茶经》记载："一曰茶，二曰槚，三曰蔎，四曰茗，五曰荈。"

总之，辩才为每一位前来道贺的人奉上了一杯清茶。这次的茶宴，人手一盏，规模浩大，自然不可能是贵重的小龙团，只可能是来自上天竺的白云茶或是辩才在退居龙井后自己栽种的茶叶。

无论是秦观、赵抃抑或元丰八年（1085）曾到访龙井的高丽国王子僧统义天，辩才从不送客出山。送秦观止于龙井亭，迎赵抃亦起于龙井亭，久而久之，大家也知道了他不过虎溪这个规矩，不曾逾越。

元祐五年（1090）秋冬之交，苏轼再一次入山与辩才品茗论道，俯瞰湖山胜景。离别之时，辩才送苏轼出山。两人聊得过于惬意而忘记了空间上的距离，不知不觉便走到了风篁岭。跟在辩才与苏轼身后的侍者们连忙惊呼："远公你已经走过虎溪了。"辩才回顾左右，果不其然，大笑道："杜甫不是有诗《寄赞上人》曰'与子成二老，来往亦风流'吗？"

杜甫的诗记叙的是他与赞上人之间的友情。诗中"一昨陪锡杖，卜邻南山幽"与"徘徊虎穴上，面势龙泓头"两句，用来比拟苏轼与辩才的交游倒也是分毫不差。为了纪念这件事，辩才在岭中"虎溪"之上修建了一座过溪亭，又名"二老亭"。亭子落成之时，辩才特地赋诗《龙井新亭》，叫人给苏轼送去。

辩才的诗写得很有意思，特地效仿了杜甫《寄赞上人》的格式，同是十联，同押尤韵，就连内容的起承转合，从缘由到述景再到记人的脉络都一模一样。与杜甫期盼能与赞上人归隐不同，辩才自知年老，希望苏轼多思兼济天下之志，因而写下了"自惟日老病，当期安养游。愿公归庙堂，用慰天下忧"的期盼。

苏轼获诗之后次韵一首，末二联曰："聊使此山人，永记二老游。大千在掌握，宁有离别忧。"落款为"元祐五年十二月十九日"。苏轼之诗与此诗的来由被一并记录在了传世法书《次辩才韵诗帖》中，过溪亭则依然屹立于风篁岭前"虎溪"之上。果然如苏轼期望的那样，经过此山的人们，并不曾忘记他们二老间的故事。

四个月后，苏轼启程离开杭州。苏轼既走，秦观未至，湖山未免有些寂寞，只剩道潜时常往来龙井探望辩才。一日深夜，道潜与辩才在四照阁中夜话。可能是那夜月色皎然，让道潜记起了当年与秦观一同趁着夜色策杖风篁岭，于潮音堂中拜会辩才的往事，遂写下《四照阁奉陪辩才老师夜坐怀少游学士》一诗："校雠御府图书客，畴昔还同此夜禅。"感慨当年一同谈禅之人，终究与山林之人非同道。

辩才对此看得透彻得多，他和诗《次韵参寥怀秦少游学士》曰："台阁山林本无异，故应文字未离禅。"朝野之人间正如文字与禅，本质是相通的，并没有什么区别。到底是辩才的道行更高一筹，只是当年秋天他便圆寂了。

嘉定十四年（1221），一位叫程珌的台阁之士，因读到秦观的《龙井题名记》思慕不已，遂与三个儿子和向导周叔向，一同摸索着走上了一百四十余年前秦观曾走过的道路。秦观与道潜曾在龙井取饮泉水，他们也效仿一番，而后参拜、祭扫辩才法师塔，进食于辩才曾经居住过的正庐"月林"中。

一百多年来，人事变迁，寿圣院已经改名为广福寺，然景物一如往昔，仍似故人在时一般。宋室南渡以后，杭州的人口比之北宋稠密了数倍，程珌一行从山巅俯瞰西湖，只见沿路民居炊烟袅袅，与秦观来访时已大不同。

住持向他们出示了范仲淹、苏轼、苏辙、道潜、辩才的画像和苏轼留给辩才的《水墨罗汉图》等古物。程珌鉴赏着书画，酌泉品茗，足饮而归，而后仿照秦观的《龙井题名记》写下了《游龙井记》一则。

两宋之人上龙井，从来不为茶，只为人。辩才在时为辩才，辩才既故则为诸贤遗迹。直到数百年后遗物遗迹散去，茶才成为主角。然而路经"虎溪"的人们，仍会想起当年的佳话，慨叹二老之不再。

文坛天王的友谊

淳熙十三年（1186）的春天，陆游除朝请大夫、知严州，赴临安述职，于临安小住。在这段短暂的留居京华期间，年过花甲的陆游与两位极其重要的人物——杨万里与尤袤相逢。

尤袤、杨万里、范成大、陆游这四位生活在南宋前期的诗人被称为"中兴四大家"，是当之无愧的文坛"四大天王"。这四个人不仅以诗才并称，且相互之间有着颇多往来，堪称挚友。最早将四人并列，确定排序的是宋末元初的方回。他在《跋遂初尤先生尚书诗》中说："尤杨范陆，特擅名天下。"之后此种称法与排序便固定了下来。

虽然四家并称确定于宋末元初，但这种说法并非完全是后世所为。四家之中的杨万里与尤袤分别在生前评论过当代诗坛巨擘，且都很有默契地没有把自己列入其中，并在除己之外的三位是谁上达成了共识。因此可以说"中兴四大家"的指向是谁，是这四人还健在之时文坛上已有定论。

由于四人的籍贯各不相同，履历也非近似，虽然相互之间多有往来，然而宦海沉浮，辗转之间极少能有同聚的时刻。淳熙十三年（1186）的春天，是鲜有的四家之中有三人同在临安的历史瞬间。正是在这年春天，临安城中首屈一指的私家园林——桂隐林泉中的海棠花向三位文豪发出了欣赏邀请，成就了"中兴四大家"在文学史上唯一的一次三人同游。

此次游赏的地点在桂隐林泉中的北园。北园并非是园林的名称，而是张氏园林中的一部分。张镃将桂隐林泉分为了四个区域：西宅、东寺、南湖、北园。北园是这一庞大园林体系中游观与待客的重要场所。这年上巳，仍在营建中的桂隐林泉海棠盛开。杨万里、沈揆、尤袤、莫叔光、陆游、沈瀛宴集花下。这也是有史可考最早发生于桂隐林泉的雅集活动。

张镃《桂隐百课》记载，桂隐林泉中的海棠主要集中在宜雨亭附近，品种为千叶海棠，大约有二十株，皆夹水而植。又据《赏心乐事》所述，每年三月，张家亦有于此处赏海棠的节俗。

桂隐林泉中海棠的种植规模虽不如梅花、桂花浩大，但与亭台楼阁相配。加之宜雨亭北侧栽种的黄蔷薇等花卉的衬托，仍堪称城内第一赏海棠佳处。张镃作有《念奴娇·宜雨亭咏千叶海棠》一词，其中有曰："绿云影里，把明霞、织就千重文绣。"将海棠比作锦绣，以表色泽之艳丽。

当日的宴集虽然是"中兴四大家"仅有的三人同席场面，但留下的诗作并不多。其中杨万里赋有长诗三首，可供今人回想当时情景。从诗题《上巳日予与沈虞卿尤延之莫仲谦招陆务观沈子寿小集张氏北园赏海棠务观持酒酹花予走笔赋长句》来看，这场宴集的主持方是杨万里、沈揆、尤袤和莫叔光，陆游和沈瀛二人则是应邀前来。园林主人张镃不知是否在场，但他与杨、陆二人皆为好友且是晚辈，同席亦在情理之中。

海棠

当天，海棠花还未完全盛开，所谓"不论宜雨更宜晴，莫愁倾国与倾城。半浓半淡晚明灭，欲开未开最奇绝。只销一线日脚红，顷刻千株开绛雪"。宜雨乃海棠所在处的亭子之名，或许是张镃认为海棠更宜雨中观赏，故有此处造景。花虽未全开，然将开未开之时最美，只需要阳光再多照射一瞬，春风便可吹开花蕾。

正当杨万里沉醉花间时，回头一瞥，却见陆游正端着酒杯，将美酒浇入花丛中。再一细瞧，他老人家双颊已有醉色，是醉于酒，更醉于花。临安的春季本就多雨，而淳熙十三年之春的雨水似乎比往年还要绵长，让杨万里发出了"一春才有一日晴"的感慨。正因为晴天难得，所以"帝里游人争出城""晴与海棠成两绝"，怪不得会在前诗中提及"宜雨更宜晴"之论。

童心未泯的杨万里可不会放过这个揶揄好友的绝佳机会，他写了一首《醉卧海棠图歌赠陆务观》。他在"上巳日"一诗中将陆游比作桑苎翁陆羽，这会儿又将他比作陆龟蒙的"顽童"，极为详细地描述了醉卧花下情景的诗人。这自然是想将此诗作为特别的记忆瞬间，赠与这位无法从旁观者视角来目睹故事的主人公。

"海棠两岸绣帷裳，是间横著双胡床。龟蒙踞床忽倒卧，乌纱自落非风堕。落花满面雪霏霏，起来索笔手如飞。卧来起来都是韵，是醉是醒君莫问。"酒醉的陆游突然卧倒在海棠花下的胡床上，乌纱帽随即从头上掉落，花瓣似飞雪一般落于正酣然入睡的面庞上。时而清醒时而迷糊的陆游还惦记着写诗，嘴里念叨的是成章的词句，猛然间从床上坐起，便向周围人索要纸笔开始疾书。

杨万里将这首诗取名"醉卧海棠图歌"，未必是真有此图而是以图为名，因而才在诗末感慨："好个海棠花下醉卧图，如今画手谁姓吴？"若当时有画圣吴道子在场，想必就能成就一幅传世杰作。但此景之妙，即使是吴道子复生也决然意想不到。收到友人的赠诗后陆游是如何作答的，因他的诗集中未有相关文字留存，后人难以猜测。

与三立于朝的杨万里不同，临安不是陆游久留之地，他还将前往严州，且"前途未卜"。只有他自己清楚，当日一醉并非全在酒，之所以独爱海棠则与蜀中记忆有关。

海棠本是蜀地花卉，遥想淳熙三年（1176）的春天，成都海棠盛放。范成大邀请陆游一同赏花，与会宾客赋咏酬唱传为一时佳话。宜雨亭旁的繁花让一向沉静内敛的陆游回忆起了十年前的情景，一时间往事浮现。

陆游之爱海棠，正如林逋之爱梅花，《剑南诗稿》中留存的海棠诗多达四十余首，多为蜀地所作。其中有《花时遍游诸家园》十首正作于淳熙三年（1176）的春天。

"为爱名花抵死狂，只愁风日损红芳""重萼丹砂品最高，可怜寂寞弃蓬蒿""常恐夜寒花索寞，锦茵银烛按凉州""眼看燕脂吹作雪，不须零落始愁人"……陆游笔下的海棠就是他自身的写照，花开之美正如诗人的才华与理想，花开寂寞也如诗人的内心，恨无知赏者。

"黄卷闲多味，红尘老不宜。相逢又轻别，此恨定谁知。"正如这首陆游写给杨万里的《简杨庭秀》中所言，漫漫人生路上，与好友们总是离别容易相见难。陆游与范成大早在绍兴三十二年（1162）已相识于临安，然一别八年于金山匆匆一见后，直至淳熙二年（1175）范成大帅蜀，才得以重逢。

重逢意味着再度别离，待范成大与陆游的文字往来再次见诸史册，已是绍熙四年（1193）范成大逝世之后陆游所写的致哀诗《梦范参政》。时淳熙十三年（1186）的宜雨亭旁，陆游、杨万里、尤袤均已过花甲之年，青春不再，回想往事之时自然有年华逝去、今夕何夕之感。

杨万里又岂是不通人情之人？陆游对于海棠的挚爱尽入身旁人的眼中，因而北园宴集后，杨万里又邀请陆游去西湖上小集，共赏孤山的海棠。

杨万里像

"墨池扬子云，云间陆士龙。天憎二子巧言语，只遣相别无相逢。长安市上忽再值，向来一别三千岁。"杨万里将陆游比作晋代诗人陆云，将自己比作西汉文学家扬雄，用一别三千岁来铺陈心中对于挚友间聚少离多的慨叹。

"双鬓成丝丝似雪，两翁对面面如丹。借问别来各何向，渭水东流我西上。"陆游即将逆钱塘江西上前往严州，杨万里自知无法挽留但心有不舍。两人举杯对饮，直至金色的夕阳沉没在西湖的西山之后。

陆游一如既往地惜言，并没有留下见诸笔端的文字。杨万里虽不吝文笔，也一改往日简淡舒和的文风。"却令去索催租钱，枉却清风明月三千篇……留君不住君急回，不道西出阳关无此杯"，带了唐人的风采。

寒食之际，杨万里与同舍雨中游天竺，山中归来，得绝句十六首，尽数呈与陆游。这十六首小诗详细地描绘了当日天竺一带的景致。其中"寺门渐近报侬知"一句说明了这些诗是特地为陆游所写，因为"有底亏侬不好来"。杨万里曾邀请过陆游同行,既然好友不愿意来,便将游兴付诸笔尖传达与他。

与杨万里同游的同舍之人即是与他共结诗社的颜师鲁、田清叔、喻良能、尤袤、沈揆等同僚。居京期间,他们时常结伴出游,走访名园,赏花赋诗。淳熙十二年(1185)的春天,他们一同游览了玉壶园、真珠园,共赏孤山海棠,夏天又去了裴园,乘舟赏荷。杨万里几度立朝,都能在诗中看到这群"同舍"的身影,但这次他并未为他们作诗。

此时的陆游正在桂隐林泉戏题扇上:"寒食清明数日中,西园春事又匆匆。梅花自避新桃李,不为高楼一笛风。"西园并非是园林的名字,而是北宋"西园雅集"典故的省称。陆游以此代指发生于知己好友之间的宴集。

匆匆的岂止春事,更是年华和梦想及与好友们相聚的时光。天家之命不可违,陆游终将乘舟西上。第二年冬天,陆游将成书的《剑南诗稿》寄与杨万里,杨万里则将《南海集》寄与陆游,两人在阅读对方的诗集后,留下了各自的题跋与感言。第三年的春天,杨万里出守筠州,途经陆游的属地。陆游得知消息后,特地在严子陵钓台的江亭之中迎候好友。

淳熙十六年(1189),杨万里与陆游皆回到临安,一任秘书监,一任礼部郎中,故友再逢,喜不自胜。

陆游写下了《喜杨廷秀秘监再入馆》:"……锦囊三千篇,字字律吕中。文章实公器,当与天下共。吾尝评其妙,如龙马受鞿。……"杨万里写下《和陆务观见贺归馆之韵》:"君诗如精金,入手知价重。铸作鼎及甗,所向一一中。……"虽有互相吹捧之嫌,但两人的文学之功实不负如此评价。

淳熙十三年至十六年间（1186—1189），陆游与杨万里的几度相逢又几度别离，只是"中兴四大家"之间聚散离合的一个缩影。尤袤曾举荐陆游自代，并寄《资暇集》相赠。范成大则在临终前托付儿子"今四海文字之友，惟江西杨诚斋与吾好"，务必将自己的诗集请序于杨万里，否则宁可无序。嘉泰二年（1202）当陆游次子陆子龙赴任吉州时，他特地写诗嘱咐其问候杨万里，"汝但问起居，余事勿挂齿"。

尤袤的诗集未能完整流传于世，也使得许多踪迹无法追索。从范成大、杨万里、陆游三人所留存的文字来看，杨万里与其余三人友情甚笃，陆游则与三人都较为疏离。虽有好事者统计过各方的诗文往来，以此为标准评判友情的深度，但友谊并非诗文可尽现。

友人之间当然有亲疏之别，正如"中兴四大家"之间也有往来厚薄之差，但友谊能贯穿终生的情况并不多见，故尤显珍贵。

四人之中，陆游生年最早然卒年最晚，去世于嘉定三年（1210）。范成大与尤袤两人分别卒于绍熙四年（1193）与五年（1194）。随着范成大与尤袤在绍熙年间相继辞世，陆游与杨万里皆退老乡里，见面更成为不可能之事，正如杨万里所写的那样："君居东浙我江西，镜里新添几缕丝。花落六回疏信息，月明千里两相思。"

开禧二年（1206），杨万里辞世，"中兴四大家"中只余陆游一人。翻检陆游文集，并未因杨万里之死留下片语，不禁令后人产生二人因开禧北伐而心生嫌隙的联想。

此时的陆游已年届八旬，已经到了国仇家恨之外，没有什么是不足以释怀的年纪。敌人之死尚且令人感怀，何况是故友之逝。或许陆游曾写下的致哀文稿如同落花一样飘零不知所终，正如人生，聚散终有时。

官四代的裸辞

淳熙十四年（1187）的秋天，才三十四岁的张镃辞去了临安府通判的官职。这个职务绝非易得。而张镃自三十岁起便就任此职，不可不谓青年才俊。仕途如此顺利却在他人看来本应意图进取的年纪决心"归隐"，恐怕世人无不倍感意外。

张镃辞官的理由是疾病。但纵观其一生，辞官之后的生活丰富多彩，以八十余岁高龄辞世，且并不像常年疾病缠身而无法工作之人。他辞官的原因和当下的年轻人一样，更多的是想要理想中的自由生活，疾病只是寻找诗和远方的借口。

就在当年四月，张镃举家迁入了新居——由他亲自设计修建的园林"桂隐林泉"中。支撑他能够在青年时"裸辞"的重要原因则是张镃本人是个官四代，家中金银无以计数，恐怕几代人都不见得能花完。对于一个含着金汤匙出生的贵公子而言，常人想要的名与利他在三十五岁之前都已享受到足够厌烦，他想要的是更为有趣的艺术文化生活。

张镃是张俊的曾孙。张俊是南宋"中兴四将"之一。若觉得这个人的名字不够熟悉，岳王庙中岳飞墓前跪着的那几位里，有一位就是张俊了。当然跪像是明代以后才存在的，南宋时的张俊得到了配享宋高宗太庙的极高殊荣。张镃于府邸之东建家庙时，曾请大文豪陆游撰写

《德勋庙碑》，借他的文笔好好夸赞了一番祖上的功业。

张俊除了早早上交军权拥护宋高宗的决议外，还在站稳脚跟后，就开始为子孙后代做好谋算。张镃的父亲张宗元还在幼时便因为祖父的功劳被封了官。张镃作为张俊的嫡长曾孙，他的人生路线自然也翻不过家族的布局。

但张镃并不是一个甘于循规蹈矩之人，就如他舍弃了祖宅另外寻觅新居一样。临安通判、直秘阁这样的官衔也不过就是人生中"可有可无"的点缀。无论是清河坊一带宋高宗御赐张俊的郡王府邸，还是雷峰塔下长桥附近曾祖父拥有的真珠园，都不够满足他的生活需求。于是等家中的长辈们纷纷故去后，这位公子哥就开始满临安城寻找自己中意的地方。最终在临安城北郭的南湖一带买下了百亩之地，开始营造自己的园林。

张镃在自己的文集中称："昨倦处于旧庐，遂更谋于别业。园得百亩，地占一隅。幽当北郭之邻，秀踞南湖之上。虽混京尘，而有山林之趣。虽在人境，而无车马之喧。"南湖又称白洋池，是杭州城内的一片水域，地处今日杭州市体育馆一带。

这座耗费巨资，占地巨大的园林，虽然在南宋灭亡之后逐渐消失，但依然留下了地名可供今人寻迹，那就是新中国成立初期依然还在的水星阁。如今阁虽不存，但地名仍在。据称这片土地原为曹氏荒圃，中有古梅数十株，这也是为什么张镃独独看中了这块地的重要原因。他本人虽于两年后迁居于此，但园林的建造工程一直持续了十五年之久，直到庆元六年（1200）才全部竣工。

水星阁老照片

这座旷世之园全称"桂隐林泉",可以分为四大区域——东寺、西宅、北园、南湖。张镃对这四大区域进行了详细的功能划分:东寺为报上严先之地,西宅为安身携幼之所,南湖则管领风月,北园则娱宴宾亲。

也就是说,文化活动主要发生在南湖与北园这两块区域中,其中北园主要开展对内的活动,南湖则主要开展对外的活动。有幸走入这片园林的都有些什么人,元代戴表元在《牡丹宴席诗序》中做了一番解读。

渡江兵休久,名家文人渐渐修还承平馆阁故事,而循王孙张功父使君以好客闻天下。当是时,遇佳风日,花时月夕,功父必开玉照堂置酒乐客。

其客庐陵杨廷秀、山阴陆务观、浮梁姜尧章之徒以十数,至辄欢饮浩歌,穷昼夜忘去。明日,醉中唱酬诗或乐府词累累传都下,都下人门抄户诵,以为盛事。然或半旬十日不尔,则诸公嘲讶问故之书至矣。

戴表元重点列举的这三位,庐陵杨廷秀即杨万里,山阴陆务观即陆游,浮梁姜尧章即姜夔,皆是南宋一流的文学家,同为张镃桂隐林泉的座上宾,可见张府雅集之排场与格调。

论及排场,就不得不提到张镃的曾祖张俊。张家的铺张奢华可谓有着深厚的基因传承。早在南宋早期,张俊因为善于经营便已积累下巨额财富。周密的《武林旧事》中就记载了一次非常特殊的宴集,发生在张俊的清河郡王邸中。

绍兴二十一年(1151),宋金和议以后的,宋高宗终于喘了口气,回归到祖传的文艺爱好上。这年十月,宋高宗带着群臣与跟班,浩浩荡荡地从大内一路开道到吴山脚下的张俊王府中,进行了一次亲切的君臣交流,并大享宴席而归。

这次的宴饮究竟有多豪华,《武林旧事》记载得十分详尽,想必当天的菜单在张家数代人手中一直是传家宝,菜品共有百余道之多。也不用担心随行人员只能吃皇上剩下的,因为张府同样为各级官员准备了食物,依据地位高低,从数十道到十数道不等。或许吃不完还能打包带回皇城也说一定。总之这一百多道菜,就算都是今天日式料理那样的小碟子,宋高宗一人的肠胃只怕也不够装。

酒足饭饱后当然需要一些余兴节目。宋高宗和他的父亲宋徽宗一样是个艺术家，而张俊本人虽然是个武夫，却也是大收藏家，在艺术品鉴上君臣之间非常投契。若只是请南宋最有牌面的艺术家鉴赏一下府上的收藏，当然显得不够档次。善于笼络君心的张俊眼睛都没眨，就把最好的珍藏全送给了宋高宗，让他享用饭菜之余还可以满载书画而归。

这些收藏包括：宝器数十件，其中有玻璃花瓶、玻璃碗，很可能是经由丝绸之路到达中土的文玩。古器十数件，都是出土的商周青铜器。汝窑十数件，恐怕皇宫里也没有这么多。书画二十多轴，多是吴道子、张萱、董源、巨然、徐熙这样的名家之作。这样，一下子就丰富了被扫荡一空又落难至此的皇室的收藏。

宋高宗当然格外高兴。一是战争平息，物阜民丰，臣子的铺张侧面说明了他治国方针的正确。二是张俊果然只是个脑子简单的败家子，除了享受金钱外没有多余的想法，完全符合他给这些退休武将规划的蓝图。再加上张俊的马屁拍得格外到位，掐准了宋高宗的喜好。于是龙心大悦，即刻封赏了张府上下。其中就包括张俊的长孙、张镃的父亲张宗元。这位年仅十一岁的少年被赐紫金鱼袋，已经足够令随行的大小官吏羡慕了。

如果说张俊只是个武夫暴发户，那么家业传至张镃手上时，已经是妥妥的文人做派。周密《齐东野语》这样说张镃："能诗，一时名上大夫，莫不交游，其园池声妓服玩之丽甲天下。尝于南湖园作驾霄亭于四古松间，以巨铁絙悬之空半而羁之松身。当风月清夜，与客梯登之，飘摇云表，真有挟飞仙、溯紫清之意。"

张镃因为擅长诗词，得以吸引一大批士大夫与之交游。而他本人又富于艺术创新精神，在桂隐林泉中设计了一座驾霄亭。这座亭子不是普通的地上建筑，而是空中建筑，由巨大的铁链拴住周围的松树，凌驾半空。月明风清之夜，架上梯子登临其上，恍若仙境。

南宋的王简卿也受邀参加过张镃的牡丹会："群妓以酒肴丝竹，次第而至。别有名姬十辈皆衣白，凡首饰衣领皆牡丹，首带照殿红一枝，执板奏歌侑觞，歌罢乐作乃退。复垂帘，谈论自如。良久，香起，卷帘如前。别十姬，易服与花而出。大抵簪白花则衣紫，紫花则衣鹅黄，黄花则衣红，如是十杯，衣与花凡十易。所讴者皆前辈牡丹名词。酒竟，歌者、乐者，无虑数百十人，列行送客。烛光香雾，歌吹杂作，客皆恍然如仙游也。"

光是歌舞助兴，就动用了数百十人的队伍。居京官员们自然在此地流连忘返，大概是从城南的大内下了朝就直奔城北的张园寻乐来了。就连杨万里、陆游这些大文豪，都在这里快乐得忘记了昼夜更替，醉到不省人事。人还没有走出张家的大门，前一夜所赋咏的诗词曲赋早已传遍了临安的大街小巷。

淳熙十三年（1186）的春天，陆游赴临安述职。三年前，张镃因仰慕陆游的诗名曾特地前来拜访，因此二人结下了友谊。这次回到临安，好友自然是要一聚。在这次聚会上，陆游还邀请了另一位朋友杨万里。

杨万里此前并没有与张镃见过面，但早就听闻过他的诗名。他虽然青睐这位晚生，但因张镃乃张俊曾孙，来头过大，便不太敢与之接近。这年春天，杨万里前往拜访陆游，正巧张镃也在："深目颦蹙，寒肩臞膝，坐于一草堂之下，而其意若在岩岳云月之外者。"

只见一位青年，安然娴静地坐于草堂之中，仿佛超逸出尘之士，哪里是一个纨绔子弟的样子，便有了相见恨晚之意。几日后，又在机缘巧合下与尤袤、京镗一起远远地经过了桂隐林泉，见宅院春深，更觉张镃非俗人也。于是二人诗文相赠，结为忘年之交，往来十分亲厚。

桂隐林泉中有专门用来赏梅的建筑玉照堂。除了曹氏废圃的那数十株古梅外，张镃还从西湖的北山别圃中移栽来江梅共计三百株之数，并于此处筑堂数间，又于左右种植千叶缃梅、红梅各几十株。

所谓玉照堂，为每当花开时节，人在花丛中，环洁辉映，夜如对月，因名曰"玉照"。张镃别出心裁，在梅林附近开挖了一条环绕的溪流，可供人们驾舟往来其间赏花。如此算来，玉照堂一带的梅花数量大约有四百株之多。

这是一个相当数量的规模，要知道而今孤山放鹤亭、鲁迅像一带广袤的范围内也不过有梅三百株。以此可见整个桂隐林泉是一个多么庞大的私家园林。

由于玉照堂的名气过大，登门拜访者无数。久而久之，张镃也有了烦恼，便制定了赏花规则共五十八条，公示于玉照堂上，使往来的观者明白如何赏梅、观梅、爱梅、敬梅，用以"限流"和规范行为。

这五十八条赏梅之规合称为《玉照堂梅品》，是我国第一篇对梅花欣赏进行详细研究的理论文章，其中共有花宜称二十六条、花憎嫉十四条、花荣宠六条、花屈辱十二条。

花宜称主要讲述的是适宜赏花的天气情况、地理环境与人文氛围,须有清溪、小桥、竹边、松下、铜瓶、纸帐、吹笛、抚琴、对弈、煎茶等,可谓一套完整的花间雅集指南。

花憎嫉主要讲述的是不宜赏花的天气与环境,如狂风暴雨、烈日苦寒、大呼小叫、敲锣打鼓等。

花荣宠主要讲述的是爱梅的高雅行为,赋诗填词自然位列其中。

花屈辱主要讲述的是令梅受屈辱的行为,其中就有种富家园内、酒食店内插瓶、树下有狗屎、枝上晒衣裳等。至于种富家园内,不知是古人对富的定义与今人不同,还是张镃身为"富四代"对富的理解与平民百姓略有出入。总之我们眼中的富贵公子,对自己的定义大概只是个普通家庭的文士。也或许正如杨万里所言,张镃并没有贵公子的习气。

与大多数南宋士大夫一样,杨万里也是梅花爱好者。在杨万里现存的诗集中,描写梅花的作品连篇累牍。张镃与杨万里之间,既有相同的志趣,自然人来人往的玉照堂中也不乏他的身影。

淳熙十四年(1187)的除夕,张镃以诗《春前一日赋呈诚斋觅荆溪诗编且邀看玉照堂花》邀请杨万里赏光桂隐林泉:"颇讶蓬莱主,相忘不寄诗。荆溪虽有集,桂隐未容窥。地胜人难老,春回律自移。梅花如有语,莫似去年时。"

颔联的"荆溪"一词指的是杨万里诗集之一《荆溪集》。这本诗集收录了自绍兴三十二年(1162)起至淳熙四年(1177)止的共五百八十二首诗歌,于淳熙十四年(1187)编订完成。当时的张镃虽与杨万里交好,但还未阅读过这本新出炉的诗集,故而向其索要。

正逢冬尽春来,玉照堂梅花盛开,便以赏梅相邀。大概是前一年,张镃也曾邀请过杨万里。但不知是人来花已落,还是花季之时杨万里脱不开身,赏花之约未能成行,因此才有了尾联的用语。

杨万里何时去的玉照堂,后人无从得知。但次年正月,张镃写下了组诗《玉照堂观梅二十首》,观杨万里诗集中亦有《和张功父梅诗十绝句》相和。从行文来看,杨万里所和的当是二十首中的后十首,其中第六首与第九首分别如下:

> 约斋句子已清圆,更赋梅花分外妍。
> 不饮销金传玉手,却来啮雪耸诗肩。
> 要与梅花巧斗新,恨无诗句敌黄陈。
> 约斋诗好人仍好,不怕梅花赛却人。

杨万里盛赞了张镃其人其诗,可见对这位诗坛后辈充满期待。因而淳熙十六年(1189)四月,当张镃请杨万里为自己的诗集作序时,他欣然应允。后人才得以从序中知道两人的相识经过。

杨万里曾写下《进退格寄张功父姜尧章》一诗,分别赠与两位文坛后生张镃与姜夔:"尤萧范陆四诗翁,此后谁当第一功。新拜南湖为上将,更差白石作先锋。可怜公等俱痴绝,不见词人到老穷。谢遣管城依已晚,酒泉端欲乞移封。"

诗中的"尤萧范陆"指的是尤袤、萧德藻、范成大、陆游四人。杨万里认为能承续四人之文风的唯有张镃和姜夔。可这两人,姜夔仕途不顺,一生潦倒,张镃则被卷入了政治斗争中。就在桂隐林泉的营建工程全部完成后的第七年，曾经青年时"裸辞"的张镃大概是不再满足于采菊东篱下的恬淡生活，重新投身到了权利的漩涡中。

最终，张镃因两位权相韩侂胄与史弥远之间权力斗争的牵连，于嘉定四年（1211）被追毁出身以来文字，除名勒停，永不收叙，送象州羁管。在象州度过了二十四个春秋之后，张镃去世，未能再踏进临安一步，桂隐林泉自然也失去了原本大隐隐于市的意义。

相传，张镃曾接济过的一位在桂隐林泉中帮佣之人，正是象州人。靠着这位佣工的帮助，张镃死后才得以安葬。桂隐林泉中的熙攘与繁华，终成为过眼云烟。

第三章 明月来相照

> 独坐幽篁里,弹琴复长啸。
> 深林人不知,明月来相照。
> ——〔唐〕王维《竹里馆》

甚有思想,不复见君

元至元二十三年(1286)三月上巳,杭州城中雷雨大作。滂沱大雨从早晨开始连绵不停,以至于街巷积水,人行不便。住在癸辛街的周密已在杨氏池堂旁等候,他与友人们早有约定,要在今日效仿晋时兰亭流觞曲水。他邀请了徐天祐、王沂孙、戴表元等十四人。然而因为当天气候异常,有六人无法涉水到达会场,最终只有八人参加了这场宴集。

杨氏池堂位于杭州城内故宋杨和郡王府,为周密内弟杨承之所有。这座园林虽然位于城市之中,但匠心独具,遥引西湖水入园,从而颇具山溪之观,非常适宜流觞曲水,游赏其间。

暴雨之中,周密起身查看已因积雨变成大池塘的曲水,颇有些无奈,但宴饮又岂是一定要在曲水之旁举行。于是他向来客作揖,将美酒佳肴都搬至靠近池塘的堂上。堂后有高楼一座,登高可俯瞰园林之景。

宴集开始前,先由园林主人杨承之带领宾客登上高楼赏景，而后回到堂中进入正题。周密拿出自己珍藏的古玩书画与来客们分享。一时间，曲水旁的高堂之中热闹了起来，喧嚣声渐渐盖过了雨声。有人在堂上弹起了琴，有人玩起了投壶游戏，还有人翻阅着图册，书写着心绪，兴致昂扬时甚至不忘高歌一曲。人家在半醉半醒间斗酒赋诗，一时间竟忘记了今夕何夕，遑论世间盛衰。

宴饮过半，有人思考起了"兹游"，即"此次游赏"的缘由与意义。这次宴集起因在追慕兰亭之遗风，因兰亭雅集发生在上巳日，是故此次宴集也安排在了相同的时间。

上巳是十分古老且重要的节日，古时以三月的第一个巳日为上巳，有于水边洗濯污垢、祓除不祥的节俗，因此又称祓禊、修禊，后引申出水边宴饮、郊游踏青之风。曹魏之后，这个节日固定在了三月初三，而兰亭雅集就发生在永和九年（353）的三月初三。

与会之人随之对兰亭之集产生了困惑，原因是他们以为兰亭的渊源可追溯至《诗经·郑风》中的《溱洧》："溱与洧，方涣涣兮。士与女，方秉蕳兮。"然而不同的是，当时的人对这件事的看法并不相同，《溱洧》描绘的是男女青年在水边嬉游，《兰亭集序》见证的是"群贤毕至，少长咸集"。故《溱洧》令小人知惭，《兰亭集序》却令君子为善。

可人生的哀乐正如寒来暑往的季节变迁一样，是本性使然。兰亭之集合乎天时节令，又有因果可溯，即使是衍生出了变化，也并没有偏离本意。因此，每逢岁节游乐，尽人力所能为之事，何止是君子该效法的文武张弛之道，又有谁能够认为这样是不合时宜的？

当年西晋尚有中原之日，拥有数代繁华积淀，修禊之风盛行。待到东晋南迁偏安江左，门阀士族举家迁徙，内心愁苦。虽怀念故都的繁盛，却不可再得，因而相约出游，排解忧思，并非单纯的择取上巳这样的节日来做符合节俗的事。

此刻，戴表元忽然想到了什么，他直言自己阅读王羲之所作的《兰亭集序》和当日与会兰亭之人的诗歌，正如古代知名的隐士长沮与荷蒉般，冥然而怀远。人不过是为此生所累，如庄周所说的那样，想要成为形如槁木、心如死灰的残骸。如是才能称之为快乐吗？如果不能，那么今天他们宴集于此，又见不得晋人取乐于自己，是为什么呢？

在座的人听到他这样说，每个人的心灵似乎都受到了敲打。少壮者茫然若思，年长者忧戚伤悲，更有人感怀起了过去，突然醒悟，意欲告辞。

宾客们的情绪翻覆如此剧烈，乃是因为与会众人皆是南宋遗民，晋人失去故土之痛让他们感同身受。此刻正值南宋故都临安陷落十周年，这也是周密之所以召集这次宴集的更深层次的原因。他想以此来祭奠逝去的故国，但也不敢直抒其义，因而才有了知他心意的戴表元对"兰亭"如此隐晦的探讨。

堂上之人继而议论纷纷。有人道，世上万事都有其依凭之理。今日之事不过是饮酒罢了，并非要慨叹什么。在座之人也无法在言行上超越古人，不如各自赋咏辞章以表志向。国家倾覆既然已成事实，沉浸于痛苦中也并不能改变眼前的一切，只有为这场宴集留下些什么，才能够让后世之人明白今天他们在大雨中集于杨氏池堂的原因。

最适宜表达心志的文体莫过于诗歌，于是周密取来十四个韵牌，将韵分别写于十四支签上，让在场的人抽取一韵以成诗。对于没能到达会场的人，也选一韵告知，以便索取诗作。最终得到古体诗与近体诗若干首。

杨氏池堂的宴集在大雨声中落下帷幕。因这天而诞生的诗作纷纷成章，读来条理井然。周密希望能以此上承晋人之贤达，由是刻字结集，请当天在场的戴表元为诗集作序。

作为经历过改朝换代的老人，周密将他的后半生投入到了整理国故的事业中，耗尽心血编纂了《武林旧事》《癸辛杂识》等书籍，将故国的历史与故都的记忆都留在了文字间。此外，他不仅着意于收藏古物与书画，还写下了《志雅堂杂钞》与《云烟过眼录》，记录与之有交往的收藏家和见到过的书画真迹。

正如每个人对兰亭的理解不一样，对于周密的行为，同时代的袁桷就不是很赞许。他认为周密"晚岁以鉴赏游诸公，微失雅道"。这是因为与周密交往的多数收藏家，都出仕于元朝，并非遗民。袁桷认为周密以鉴赏书画的方式结交权贵，甚至换取生活经费，实在是有损宋人的气节。

对此，现代词学大家夏承焘先生敏锐地觉察出了周密心中的伤痛。他在《周草窗年谱》中感叹："其晚年为《志雅堂杂钞》《云烟过眼录》，搜求抄录于浩劫之后，盖亡国遗老保存国故之深意，又非但炫见闻，夸收藏而已。时人乃怪其'以鉴赏游名公间'为失雅道，亦不谅其用心哉。"

在杨氏池堂宴集中，周密将自己的收藏尽数出示与

[唐]冯承素神龙本《兰亭集序》

宾客。对于一位青年时沉醉花间月下，曾"虚度人生"，后又目睹家国巨变的老人而言，他所要展示的并非只是器物，而是器物背后的历史与那个已经不存的国家。只是在场的青年人又有几个能够明白他的用意？但正因为他的访求与著录，今天的人们才得以通过文字了解那个时代和那场巨变。

至元二十九年（1292），一位名叫郭天锡的收藏家将家搬到了离癸辛街不远的甘泉坊。这位来自北方的士人，不仅收藏有神龙本《兰亭集序》，还经常前往周密家中，与病榻上的老者求教阔谈。

六年后的大德二年（1298）二月二十三日，著名书法家鲜于枢在自己的别业中举办宴集，邀请霍肃、张伯淳、廉希贡、马昫、乔篑成、杨肯堂、李衎、王芝、赵孟頫、邓文原等人列席，与客名单中自然也包括周密和郭天锡。这是周密的名字最后一次出现在元代杭州的文人集会上。

当天宴集的主题是欣赏书画，郭天锡带来的是王羲之的《思想帖》，鲜于枢带来的是郭忠恕的《雪霁江行图》。与会的赵孟頫在《松雪斋书论》中对《雪霁江行图》并没有过多描述，但对《思想帖》用了"观者无不叹赏神物之难遇"的记载，可见当时王羲之的书法风格多受推崇，而真迹又多么难寻，以至于郭天锡收藏到这幅法书后，即在杭城引起了不小的轰动。

〔宋〕张先《十咏图》

《思想帖》又称《不复见君帖》，全文共五行三十五字，为王羲之写给友人的书信，曰："羲之顿首。不复见君，甚有思想，得告慰之故。吾乏气，兼欲癥下，忧深。不佳，克面。王羲之顿首。"这幅法书曾著录于《宣和书谱》，收藏于淳熙秘阁，即为原宋代皇室的所有物。七百余年后的今天，这幅书法作品的纸本已经散佚，仅余有墨拓存世。

《雪霁江行图》原是长卷绘画，现仅存其中一段，收藏于台北故宫博物院。郭忠恕为五代宋初人，七岁能文，年少举童子第，曾奉命刊定历代字书，擅长书法与界画。界画多亭台楼阁、舟船车舆。《雪霁江行图》现存画面所绘的便是两艘巨型楼船在江边行进的景象。画上有宋徽宗赵佶题"雪霁江行图，郭忠恕真迹"十字。可见也是宋代皇室的收藏。

思想乃思念之意，王羲之病中思念友人故有此帖，想必同样缠绵病榻的周密亦怀有相似的心情。更难言的思念则是对故国的悼怀，尤其是见到这些内府旧藏的时候。十二年前的杨氏池塘宴集，众人追忆往事有兴废之叹。而今的集会上，鲜于枢与郭天锡皆是北方人，他们的人生中并没有过宋朝生活的经历。随着与周密同辈的老人们相继去世，已经再难见到故交之人，难闻故都之音。

周密的收藏中有一幅北宋张先的《十咏图》，继承自他的父亲周晋，所绘的是庆历六年（1046）吴兴郡守宴请六老于南园，酒酣赋诗的故事。熙宁五年（1072），八十二岁的张先翻阅亡父的诗作，读到《吴兴太守马大卿会六老于南园人各赋诗》一诗中"它日定知传好事，丹青宁羡洛中图"之句时，大为触动，挥笔绘就这幅传世名作。

这幅画在宋室南渡之后，一度落入贾似道手中，淳祐九年（1249）又为周晋所获。画中的南园故址南宋时已成为牟荐叟的居所，后亦曾为周晋所得。因而可以说，此画与画中之园都曾是周家之物。加之这幅绘画是张先父子二人的"合作"，承载着张先对父亲的思念，又经周密父亲周晋之手传之周密，对周密而言自然有着十分特别的意义，因此他格外宝贵这幅画作。

在周密去世的前一年，鲜于枢曾于周家欣赏到了这幅绝世图卷，并在画后跋曰："吴兴一寓公，家藏累世，虽窭乏，不忍弃去。人有欲以良田贸易者，不顾也。""吴兴一寓公"指的就是世居湖州的周密。

周家世食宋禄，其收藏之业从跟随宋室南渡的曾祖开始到周密为止也已经有四代人。然而遭逢世事巨变，周密的晚年生活贫穷困顿。尽管如此，他也从没有动过变卖家藏之念。当时有富户想用良田与周密交换这幅名作，以解他的生活之忧，但周密宁忍贫穷也不为所动。

对国家的怀想、对先祖的怀想、对文明的怀想，凝结在陋室之中传递数代的一幅幅珍贵书画中。周密从鲜于枢的别业观《思想帖》归来不久后即去世，不知道当日与会之人是否亦有"不复见君，甚有思想"的感慨。可惜的是周密至贫不卖的收藏，在他过世后不久，悉数为子孙所弃。正如他对故国的思念，已不再被年轻人所拥有。

画家的订单

明正统十四年（1449）末，"北漂"了半生的杭州籍画家戴进终于决定启程回乡。临行时，好友礼部侍郎王直以《送戴文进归钱塘》一诗相赠："知君长忆西湖路，今日南还兴若何？十里云山双蜡展，半篙烟水一渔蓑。岳王坟上佳树绿，林逋宅前芳草多。我欲相随寻旧迹，满头白发愧蹉跎。"

戴进自从跟着父亲戴景祥入京，数十年间，虽与公卿士大夫交好，但因其出生低微，难登"大雅之堂"，终困于前途无望。与传说中不同，今天的美术史学者研究认为，戴进蹉跎了半生却始终无法跨进画院，加之年事渐高以后思念家乡风物，由是才结束了"北漂"的时光，回到西湖结庐而居。

回到家乡之后的戴进失去了生活的依傍，也曾为杭州的佛寺道观做艺术指导。但这样的机遇不常有，更多的时候只能以卖画为生。转眼十年过去，虽然也曾漫游南京、浙东一带，以求知赏之人，改变生活困境，但却并没有什么太大的收获。

或许经营艺术并不足以果腹，但对于戴进而言，绘画是他生命的全部。他宁愿穷困潦倒于画桌之前，也不愿意抛下毕生所爱。因而执守于艺术的天地中，日复一日精研着下笔的技巧，虽不能以此通达仕途，但他擅绘的声名却逐渐远播。

天顺四年（1460），浪迹在西湖的名画家戴进接到了一份特别的订单。客户名叫莫琚，字季珍，是一位混迹官场的杭州人。他向戴进出示了一卷陈旧的诗集。这卷诗集是从家传之物中翻检而来，与祖辈元代名士莫维贤在西湖边的别墅"南屏山庄"有关。他希望戴进能根据这卷诗集的内容绘制一幅画卷，再现当时的山水与人文。

诗卷的开篇是元代名家杨维祯所作之序。这是一篇写于至正十三年（1353）正月初六的文章。那天清晨，杨维祯醒得很早，打开东窗，发现连日的阴霾已经一扫而空，吃完早餐便准备出门游乐。他约上住在巷子东面的奎邻翁、安寓子、云唐生、污抔子、清逸轩和住在巷子西面的瑶池子，带上在外饮酒的器具一同出发。

一行人从涌金门出城，乘舟湖上，向西而去，先过施家庄，后抵南屏寺。杨维祯与寺中的文墨僧梅屋、复堂是旧相识，但不巧这天两人都不在。于是一行人便离开寺庙去了位于赵家人山的别业，拜访有广莫子之称的莫维贤。莫维贤见是当世名流杨维祯带队而来，格外欢欣，在草堂款待了这些不速之客。

莫氏别业所在的地方，东侧有霞川经流，西侧有杏庄接壤，抬起头则可看见南高峰塔与雷峰塔，仿佛可与五云山等高，如同笔尖上绽放了五朵明花，在色彩斑斓的锦缎上绘就了主人与客人互动的身影。

莫维贤舍弃了杨维祯随身携带的酒具，用五木香盎斟饮湖水碧酒。酒宴过半，云唐生弹起了云和琴，演奏了一曲《潇湘水云》。污抔子则拿来一种类似于今日的三弦名叫"弦鞉"的乐器，弹起了《白翎雀歌》，瑶池子在一旁翩翩起舞。莫维贤令侍从传递酒杯，叮嘱客人们乐舞之欢一定要尽兴。他走到驭风台上，此刻瑶池子正在高歌谢安高卧东山词。杨维祯兴之所至，便依照曲调一起吟唱。

客人之中有醉倒在地，或是意欲告辞离去的。莫维贤命人再沏上香茗和杨维祯一同品评，并劝说他写诗赋文，今天这样的宴集可不能没有诗歌传世。于是杨维祯率先作诗一首。在座的宾客分别用相同的韵脚次韵成诗，并推举杨维祯写作序文。这让杨维祯想起了十年前在西湖，与张雨、甘立、郯韶唱和竹枝词的往事。如今张雨与甘立均已故去，郯韶则相隔甚远，在千里之外。独杨维桢一人飘零杭州，沦落尘世之中，虽然可以日日往返于湖山之间，但在这里幽游的快乐却不复当年，何况置身于战乱之世。然与朋友们宴集于斯，想要复兴湖山之盛的心却一如往昔。此刻追忆过去的一切，就如黄粱一梦，仿佛都已是上辈子的事了。

当天的宴集，共有十人（实到八人）留下诗歌十首。这些诗作的作者分别是杨维桢、莫维贤、韩元璧（奎邻翁）、刘俨（安寓子）、王霖（云唐生）、王廉（污抔子）、范观善（清逸轩）、赵章、魏本仁、王玉（瑶池子）。后来又有帖木儿等十人追和这些诗。虽然除了杨维桢与莫维贤外都算不上是顶级名流，但也留下了一个时代精彩的瞬间。

许是集上提到谢安隐居东山，与朋友们游山玩水的典故，令戴进想到了自己曾经的作品《谢安东山图》，格外感慨。明代吴门名家沈周于成化十六年（1480）的临摹之作名曰《临戴进谢安东山图》。署名沈周的画作在美术史上争议不断，或许并非真迹。但戴进也许是真的曾经画过《谢安东山图》，只是不知是为谁所画。也许他是以谢安自比，感慨自身的不遇，但也憧憬谢安诗酒风流的隐居生活，不然他也不会离开京城回到西湖。只是西湖之上，能与他共风流之人并不多，十余年来多少有些寂寞。

戴进接下了这笔订单，开始构思画作。他想起自己颇为推崇的"南宋四家"之一的马远，曾绘有一幅《西园雅集图》（又名《春游赋诗图》），描画的是苏轼、苏辙、黄庭坚、秦观、李公麟、米芾、王诜于西园雅集的故事。对于生活在南宋的马远而言，那是一百余年前

〔明〕戴进《南屏雅集图》（局部）

的往事了，他创作时的心境正如戴进翻阅一百余年前杨维祯、莫维贤南屏雅集的诗稿一样。

为让南屏雅集能流传后世成为比肩西园雅集的故事，戴进决定仿照马远的画面布局来绘制《南屏雅集图》——画面右侧为水面，左侧为园林人物。这样当人们从右至左，缓缓打开画卷观看的时候，就仿佛当年杨维祯前往南屏别业一样，从湖上下舟步入园林中。园中，三人正围观一位红衣女子挥毫泼墨，另有二人在观摩绘画，石桌旁的其他人则在把酒言欢。

这幅《南屏雅集图》不仅是戴进作品中少有的留下

系年之作，也是难得有大段题跋交代来龙去脉的作品，这才使既无诗文留存也无史籍记录的南屏雅集得以依托丹青留名于世。

戴进在画面右上方自题："昔元季间，会稽杨廉夫先生尝率诸故老宴于西湖广莫子第，以诗文相娱乐，留传至今盖百年矣。其宗人季珍进士因辑录成卷。嘱余绘图于卷端，将以垂远也。后之览者，亦足以见一时之盛事云。天顺庚辰夏钱塘戴进识。"

天顺庚辰便是公元 1460 年，当年戴进七十二岁。仅两年之后，这位老者便陨落于西湖上，草草埋葬于今天洪春桥一带。

这幅画作既效仿马远《西园雅集图》的构图，亦免不了与"西园雅集"故事一样被质疑的命运。说起南屏别业的拥有者莫维贤，这是个颇有故事的人。莫氏出身书香门第，诗学宋末元初的仇远，并与当时名流张雨、张翥、邓文原等人交好。莫家富于收藏，曾就家中书法、名画、古物编成《云房玩余集》。可惜的是这本书已在历史的车轮中失去了踪迹。

南屏别业是当时西湖上较为知名的园林之一，园中"颇多景物胜概，因人而成，有若辋川之南堂者，遂为廿有一题多赋之者"。在这座仿照王维辋川别业所修建的园第中，每当有客人造访，莫维贤便与之欢饮共醉，一同游艺琴棋，观摩书画。

明代的书画市场十分繁荣，托"古"造假之作无数。莫维贤留下的著录成了明代作伪者们的参考书，因此一直有不少学者认为《南屏雅集图》并非戴进亲笔。或许戴进的确画过这幅画作，但真迹已经不存，又或许戴进受莫季珍委托作画故事乃是编造，但都不影响至正十三年（1353）的正月，曾在南屏山脚发生的那段往事。

除了当时在场之人的诗作被悉数抄录于画卷之后，《南屏雅集图》的拖尾还有不少明代人留下的题跋。成化十四年（1478），莫季珍邀请同为杭州人的夏时正品题。同僚潘亨因公务来杭时，莫季珍也向他出示画作，请其留题。有意思的是，潘亨对杨维祯的序文赞不绝口，对当时参与宴集的元人诗作亦夸赞再三，并自谦不敢狗尾续貂，无奈莫季珍索要再三，他才勉强东施效颦。似乎是对戴进的绘画并不怎么感兴趣，故并没有提及，颇有点买椟还珠的意味，也或许是人之审美不尽相同吧。

在戴进去世约半个世纪后,有一位名叫郎瑛的年轻人,循着南宋赵公堤的旧址,找到了洪春桥畔。那时的洪春桥被称作横村桥,戴进的长眠之地已经长满了荒草,淹没于苍茫之中。

满山凄迷之中,郎瑛十分感伤,决心投入到收集戴进生平,为其立传,传至后世的事业中。最终,郎瑛在《七修类稿》中为这位传奇画家留下了一小方天地,使他与他的那些传世画作一起,不再被世人遗忘。

湖上风月为谁系

明崇祯元年(1628)的花朝节当天,汪汝谦、陈继儒、董其昌等一众名流雅集于西湖之上。当天雅集的地点并不是西湖边的某一个景点或园林,而是在两艘名叫"不系园"与"随喜庵"的画舫之中。

当画舫驶过苏堤,堤上桃柳正妍,与会众人分韵赋诗,不亦乐乎。就在他们沉浸于山光水色之时,杭州城内的读书人闻风而动,纷纷朝着湖边涌来,只愿能求得长于书画并声名在外的陈继儒、董其昌等人的墨迹与题诗。

归舟靠岸时,等候已久的人群将这两艘画舫包围,恳请各位名家乘兴挥毫。来者众多,不便推辞,艺术家们遂在船上即兴创作起来。未承想索要书画的人越聚越多,以至于当天的雅集一直无法结束。

"不系园"与"随喜庵"是晚明徽商汪汝谦打造的两艘名舟。汪汝谦长期寓居杭州缸儿巷,并以杜甫"春星带草堂"之句,为自己的居所取名"春星堂"。

明代中晚期，舟游西湖之风盛行。在汪汝谦之前已有包应登与汪汝谦的弟弟汪季元在以往西湖舟船的基础上改装了自己的舟船，但均有所不足。较大的船只往往通不过长堤的桥洞，难以驶入北里湖、西里湖一带。

商人独有的经济敏锐度让汪汝谦产生了打造一艘西湖画舫集大成者的想法。机缘巧合下，天启三年（1623）的夏天，他在为云道人筑造净室时得到了一段木材，于是耗费四个月之久将此木建造为舟。最后成形的画舫长六丈二尺，宽为长的五分之一，是当时西湖上体量最大的船只之一。

"不系园"一共有两层，第一层为船舱，第二层为露台。船舱之内又可分为三个部分。首先是门厅的部分，留有数步空间，能够贮藏近百把壶。从门厅往船内走，为一间一丈见方之室，足以布置两席，以供宴饮雅集。丈室之后还有较为狭小的房间一间，可以用来卧吟风月。两侧则藏有壁橱，用以收集书画。

走出船舱后，沿着廊道转而上楼便是第二层的露台。台上挂着帷幔，每当花晨月夕之时在台上赏景，就如同乘着彩霞登上了青天。每当遇到风雨骤起大浪掀天之时，或是行驶途中遇到了斜着的大树或难以通过船只的桥洞，则将露台的栏杆卸下，帷幔卷起，即可摇身变为当时流行的一种小船——蜻蜓之舟。船上还有两三位擅长乐器的家童，助兴茶酒。客人来到船上，既可以乘风赏景，又可以消磨长夜，远追先辈之风流，近寓太平之清赏。

这只传奇之舟的名称由汪汝谦的好友陈继儒所题，取自《庄子》中的"疏食而遨游，泛若不系之舟"。汪汝谦很得意地以为造园未必须凿池叠山，或是将自然山

西湖画舫

川占为己有,生怕别人不知道是谁的园林,而将"我园"挂在嘴边,因为他只凭一条船便拥有了整个西湖的风月。

也确实如汪汝谦所想的那样,"不系园"在日后成了西湖历史上的一段佳话,且在当年冬天落成下水后就引起了轰动。从亲朋好友到半生不熟甚至是并不曾见过的人都纷至沓来,只为能来当时西湖上最热门的"不系园""打卡",热闹的程度超越了当时西湖上任何一个知名景点,堪称晚明的湖上"网红打卡地"。

面对络绎不绝的访客,"不系园"的主人汪汝谦有点自顾不暇。为免闲杂人等俱来凑热闹,第二年春天,另一位好友杭州籍名士黄汝亨为汪汝谦起草《不系园约》,提出"九忌十二宜",为到访"不系园"设置了最初的门槛。

十二宜者为"名流、高僧、知己、美人、妙香、洞箫、琴、清歌、名茶、名酒、肴不逾五簋、却驺从"。九忌者为"杀生、杂宾、作势轩冕、苛礼、童仆林立、俳优作剧、鼓吹喧填、强借、久借"。

如此严苛的限制并没有让"不系园"成为人人敬而远之的场所，反而因为对来访人员高要求，营造了优越的文化艺术氛围，传为一时佳话。同时由名士题写的"九忌十二宜"还形成了广告效应，助推了"不系园"的人气。经过几位文人的共同打造与宣传，"不系园"很快就成为湖山间文人雅集的最佳场所。

黄汝亨之所以如此了解"不系园"应有的"排场"，因为他自己也是有舟之人。与汪汝谦的商人身份不同，黄汝亨是一位非常传统的士大夫。从官场致仕后，他回到故乡钱塘，结庐南屏山下主盟风雅，常与汪汝谦乘舟过湖相往来。

黄汝亨的小舟名叫"浮梅槛"，其灵感来源于在黄山、白岳见到的漂流在山溪上的竹筏，由他与好友吴德聚一同打造，并在竹筏上加装了红色的栏杆与青色的幕帘，远远望去，与西湖上的烟水云霞一色，十分清凉。

《地理志》中记载金陵有一个名叫"梅湖"的地方，曾经有人用梅花的枝干做成了筏子沉在湖中，有时梅筏浮出水面，春天时花开满"船"，在湖上漂流。好友周东音便以这个典故，为黄汝亨的小舟取名"浮梅槛"。

每当花开月夜或是雪满山阴之时，黄汝亨便与文士、僧人们乘着小舟，徜徉于苏堤六桥之间。在西湖边围观"浮梅槛"的人多到排成了一堵墙，都感叹这是千古未有之奇景，哪怕是白居易、苏东坡那样的风流人士都想象不到。

如此懂得风雅之人，自然与汪汝谦、陈继儒、董其昌等人志趣相投。因而崇祯元年（1628）的花朝之集在旁人看来只是平常的风雅之举，在汪汝谦看来却有着两层重要意义：一是庆贺新画舫"随喜庵"在去年落成，二是纪念已逝的故友黄汝亨。

"几日春风柳又新，湖边底事转伤神。"汪汝谦所著的诗集《绮咏》一编，即由黄汝亨、董其昌、陈继儒三人作序。当年宴游湖上时，三人相随，而今黄汝亨已于两年前故世，自然没能看到新舫的落成。此刻的"随喜庵"中人，也总是会恍惚记忆起当年的故事，仿佛"不系园"落成那天的情景。

汪汝谦已经拥有了在世人看来完美的舟船"不系园"，为何要再造一条"随喜庵"？这背后自然有着出于商人本能的经济打算，但好友黄汝亨的去世也是原因之一。因为黄汝亨的故世，他当年为"不系园"所题写的"园约"失去了"主持人"，因而让汪汝谦有了不胜今昔之感。

"不系园"的成功运营也让汪汝谦逐渐感觉到，在舟船的空间设计上还可以进一步革新。更重要的是有了新船之后，"不系园"就可以从自用转为租借，产生经济价值。这几点原因共同催生了五年后的"随喜庵"。新舟由董其昌题名，"随喜"取自佛教用语，意为因别人欣喜而欣喜。

崇祯七年（1634）的秋天，著名文学家张岱借走了"不系园"，与名伶朱楚生一同漫游湖山，欣赏红叶。当时的"不系园"虽然已在西湖上行驶了十年之久，但依然为当时的文人士大夫所热捧，因此张岱的这趟度假之旅注定不会那么清静。

当"不系园"行驶到定香桥附近时,船上迎来了八位"不速之客":南京曾波臣,东阳赵纯卿,金坛彭天锡,诸暨陈章侯,杭州杨与民、陆九、罗三与女艺人陈素芝。张岱留他们在船上畅饮,"不系园"中随即开启了大型艺术派对。

这些人中有两位非常著名的艺术家——陈章侯与曾波臣。陈章侯即擅长花鸟人物画的陈洪绶,曾波臣即肖像画家曾鲸。两人一位为赵纯卿画古佛,另一位为赵纯卿画肖像,同时在船内挥毫,为艺术史上难得之盛景。

就在两位艺术家留墨的同时,其他人也没有闲着。杨与民弹起了三弦,陆九吹起了箫,一起为唱曲的罗三伴奏。一曲终了,杨与民又拿出一把紫檀戒尺,用北调说起了书,讲的正是时下最流行的《金瓶梅》,听者无不拍案叫绝。

当天晚上,彭天锡、杨与民、罗三三人唱起了昆腔,随后朱楚生与陈素芝两位女艺人又唱起了调腔。陈洪绶也不甘人后,唱起了村落小歌,张岱亲自抚琴伴奏。赵纯卿见在场之人都有才艺,唯独自己琴棋书画、吹拉弹唱一无所长,不能为大家助兴,颇有抱歉之意。哪知张岱这个机灵鬼看着陈洪绶所绘的佛像一下就想到了唐代裴旻与吴道子的故事。

相传唐代将军裴旻居母丧时,延请当时最负盛名的画圣吴道子在天宫寺绘制壁画,以超度母亲的亡灵。吴道子提出了一个要求,需要裴旻舞剑,以剑的猛厉之气来通幽冥。裴旻听罢,即刻脱去身上的缞衣,着常时装束,骑上快马飞驰起来。他挥舞起手中的长剑插入云中。当剑从几十丈高的空中坠落时,宛若电闪雷鸣之势。裴旻手执剑鞘接住了长剑，整个过程一气呵成，旁观者无不感到惊讶、战栗。此时的吴道子卷起衣袖，挥笔如风，顷刻间，壁画绘就。

张岱笑对赵纯卿说："这个故事不就是今天发生的事吗，恰巧陈洪绶为你画了佛像，若你能效法裴旻舞剑就完美了。"赵纯卿听罢此言，一跃而起，取来一根重三十斤的竹节鞭，挥舞着跳起了胡旋舞，惹得在场众人捧腹大笑。

当"不系园"轮番租借在明末名流们的手中之时，汪汝谦正乘着他的"随喜庵"遨游湖上，时而与崔世召等人于孤山补种梅花，赏梅赋诗，时而召集湖上才姝如王修微、林天素等人，同舟相会。生活极其惬意，却也如梦飞逝。崇祯九年（1636）至十二年（1639）的三年间，董其昌与陈继儒相继下世。当年同舟而行的四人只剩下汪汝谦形单影只。

没多久清军南下，一度门庭若市的"不系园"与"随喜庵"也不再是汪汝谦一人所能做主之物，而是成为战争与政权更替间的牺牲品。但这位年过花甲的老人还记得年轻时与友人们驾着爱舟逡巡苏堤、欣赏桃柳的情景。"太平气象被草木，诗坛酒社征雍熙。未几繁华忽凋落，桥边好景潜改移。"

不忍西湖景观凋零的他一如当年在孤山补梅，如今又在苏堤补种起了桃柳，想用衰老的双手对抗历史的变迁。然而既定的历史终究无法因为一个人的意志而转移。顺治十二年（1655），汪汝谦走完了他生命的全部历程，钱谦益为他撰写了墓志铭。一代风雅的缔造者，最终在萧瑟的文化寒冬中离去。

才女与偶像

既有才子湖上雅集,定有才女风中咏絮。杭州是明清之时盛产女性文学家最多的城市。当时出自书香门第的女子们不仅长于诗文,还有着各自的文学偶像。能与偶像同席共话,拜入偶像门下登堂入室,甚至请偶像为自己的文集题诗作序,是她们人生的终极追求之一。

乾隆五十五年(1790)四月,杭城的才女们盼到了千载难逢的机会。长年寓居南京的杭州籍大诗人袁枚回乡扫墓,将于湖楼与本地才子佳人们宴集。湖楼位于宝石山庄之中,亦或就是这座别院的代称。这座园林的主人,清代著名藏书楼寿松堂的所有人孙仰曾与袁枚是世交。回乡期间,袁枚就下榻在此处。

园林虽然是孙仰曾的,但宴集的发起人却不是他,而是孙嘉乐、孙云凤父女。孙云凤与袁枚的缘分要追溯至十一年前的乾隆四十四年(1779)。当年袁枚在杭小居,曾写下《留别杭州故人》四首。这四首七言律诗在袁枚的《小仓山房诗集》里并不起眼。未曾料到十年之后,也就是湖楼宴集的前一年,有人给他送来了一封与之有关的信件。

袁枚收到的书信虽是由男性转寄,但却出自一位女性的手笔,其中还附有四首诗歌,唱和的正是十年前袁枚所写的《留别杭州故人》,用的是与袁枚原诗一模一样的韵脚。书信的书写者与诗歌的作者名叫孙云凤,字碧梧。她自言"闺里闻名未识公",即早就仰慕袁枚的大名,可惜无缘相见。

当时的女子因为时代所限,活动范围亦十分狭小,加之袁枚长居南京,只偶尔回杭,孙家又刚回到杭州,因而孙云凤并没有机会结识自己的偶像。以至于孙云凤"羡杀小仓山馆里……未曾折柳倍留连",十分羡慕那些能随袁枚进入他的园林小仓山馆之中与他一同谈诗论道的男性文人。

她写信与袁枚的目的很明确,就表明在第四首诗中:"安得讲筵为弟子,名山随处执吟鞭。"并在信中言:"云凤得蒙清训,已列门墙。忝在弟子之班,妄窃诗人之号。"她想拜袁枚为师,并且已然尊其为师,希望能有机会得以陪同师长纵游湖山,蒙受教诲。

读罢来信与诗,袁枚一边感叹孙云凤的诗才,一边表示十分惶恐。他随即给这位忠实粉丝回信,说自己不敢妄为才女的老师。但"伏生老去,正想传经;刘尹衰颓,与谁共话。以故莞尔而笑,居之不疑"。此时的袁枚已年逾七旬,不管是真折服于孙云凤的才情,还是另有虚荣之心,最终他接受了孙云凤成为随园弟子的请求。因而在次年回乡扫墓接到孙氏父女的宴集邀请时,他欣然接受。

湖楼宴集的举办在才女群中引起了轰动。杭州城内的才女们聚集于宝石山庄,只为一睹偶像的真容。她们纷纷拜在袁枚门下,向其请教诗学。因故不能前来的也无不抱憾。"满城女士访名师,同赋临流赠别诗。"袁枚即将启程离开杭州,因此这场宴集以"送袁简斋夫子还山"为主题。

当日到会的才女共有十三人,可考者有孙云凤、孙云鹤、张秉彝、徐裕馨、汪妡等。湖楼之上宴开二席,众人题诗作画,当日宾主尽欢。所得之诗辑为《湖楼闺秀十三人送行诗册》,由"群芳之首"孙云凤作《湖楼送别序》。

庚戌四月十三日，因停扫墓之车，遂启传经之帐。凤等抠衣负笈，问字登堂。一束之礼未修，万顷之波在望。畅幽情于觞咏，雅会耆英；作后学之津梁，不遗闺阁。持符招客，女弟子代使者之劳；置酒歌风，武夷君作幔亭之会。

自有王羲之《兰亭集序》以来，凡是为雅会所作之序，多有《兰亭集序》的影子。所谓一觞一咏亦足以畅叙幽情。古时车马慢，亦没有科技发展带来的通信设施，才女们与人生偶像间难得的见面自然是意犹未尽。徐裕馨就发出了"此后湖楼月，何时再问津"的感慨，既是伤感快乐的时间走得太快，也是在委婉地询问袁枚下次再会是何时。

可能是酒喝得尽兴，也可能是诗写得纵情，袁枚大概是夸下了来年再会的海口，以至于孙云凤满怀激情地写下了"待明年千里扬帆，寻江上重来之路"。第二年袁枚并没有来，宁杭两地虽近，数百年前却也不是可以晨往夜归的距离。但袁枚时常将诗册带在身边，逢人就请其欣赏品题，对这场风流聚会颇为自满，多少有了点让此事传为佳话的念头。

湖楼宴集两年后的乾隆五十七年（1792），袁枚游天台归来路过杭州，有了再招群芳同席的想法，因而再度于宝石山庄设宴。这次袁枚是有备而来，从受邀出席变成了主持会盟。两次湖楼宴集间，他也曾在苏州与当地闺秀们雅会，因而对第二次湖楼宴集有了自己的设想。

此次宴集，有七位女弟子列席，可考者有孙云凤、孙云鹤、钱林、潘素心等。如果说第一次湖楼宴集的主题是问道于师，那么第二次则是更为单纯的诗文雅集活动。

有趣的是不仅才女们视袁枚为偶像,才女们的父亲也是袁枚的粉丝。钱林的父亲钱琦与袁枚交好,慕其诗才,生有一子,名唤"钱枚",女儿钱林则字"志枚"。兄妹俩的名与字之间皆有"枚"字,他们的父亲想让儿女以袁枚为志的理想显而易见。钱林能名列袁枚女弟子群中,若是这位老父亲当时仍在世,想必要比任何一位在场的仕女都欣喜若狂。

第二次湖楼宴集除邀请才媛闺秀外,列席者还有杭州地方官员明保与当朝大书法家王文治。明保从杭州府衙附近的清波门乘舟前来与众位仕女茶话。临行前,他将自己所乘之画舫留与当席,独自骑马回程,随后又遣人送来筵席与笔墨、香珠供众人消遣,另有如意赠予才女们以表心意。

与会众人乘坐明保的画舫泛游湖山,分韵赋诗。风雅之盛可追百年之前蕉园诗社诸卿的六桥舫集。当时,距离蕉园诗社重要成员林以宁下世已有二三十年。二三十年间,随着一代人的成长,湖山风月更换了"主人",但自明代以来女性文学家辈出的传统并没有断绝。

在没有影像记录的年代,想要留存一段故事,除了文字之外便只有图画。用诗文记录史实,为才女编订诗集,是袁枚人生最后几年中最重要的大事之一。乾隆三十年（1765）,袁枚曾请薛寿鱼仿照著名的《西园雅集图》绘《随园雅集图》,记录其与四位好友的雅集。这一次,他同样有写图纪盛的打算,欲将历史定格。

2010 年,在香港佳士得春拍上出现了一幅绢本设色的《十三女弟子湖楼请业图》,与上海博物馆所藏的同名画作似是双胞本。然而早在 1929 年，国光社就曾刊印过珂罗版的同名画作。三幅画作之间虽大体相同却各有细微差别，证明这个世界上曾经最少同时存在过三幅同名画作。

约在乾隆末年嘉庆初年，后世称名为《十三女弟子随园请业图》的长卷已有了第一稿。图卷的绘制者有两位——尤诏和汪恭，两人都长居苏州。乾隆六十年（1795），袁枚写信给为其打点随园女弟子诗集出版事宜的汪谷。大意是已经见过《十三女弟子随园请业图》的人对尤诏的画风略有微词，嫌这位艺术家下手太重，赭石用得过多。于是袁枚便托画中名手用清粉稀释色泽，同时也在邀请名家定卷之后题写跋文。

画名叫作《十三女弟子湖楼请业图》，是因为第一次湖楼宴集有十三人到场，故而画卷上仕女的人数也定为十三。然而当时袁枚所收的女弟子数已经超过了十三人，因此并不是所有人均能入画。于是袁枚有了绘就第二幅长卷的想法，称之为《后十三女弟子湖楼请业图》，画中人数亦定为十三人。为此，他四处收集仕女们的小像，以便画家作画时使用。

与此同时，还出现了一件很有意思的事。女弟子骆绮兰已经见过《十三女弟子湖楼请业图》，但嫌画家所绘与自己并不像，希望能重新绘制她的形象，录入《后十三女弟子湖楼请业图》中。也就是说她希望把自己在图中的形象转让给他人。毕竟在没有影像佐证的情况下，图卷上的某一位仕女是谁，其解说权完全在注解图卷的人。

因为骆绮兰完全没有参与过两次湖楼宴集，且两次湖楼宴集的参与人数分别是十三人与七人，其中还不包括重复出现的才媛，并非前十三人加上后十三人合二十六人之数。由此可以看出，《十三女弟子湖楼请业图》并非是一幅纪实作品，并不完全等同于两次湖楼宴集的摹写。袁枚在指导创作的过程中，将其演变为了描绘袁门女弟子的"名册"。

《十三女弟子湖楼请业图》定稿之后的嘉庆元年（1796），袁枚两次携带此卷前往吴江，与名媛才女们聚首，品评雅题。当时所作之诗，有部分留存于随园女弟子集中，以《十三女弟子湖楼请业图》为题。成诗者有席佩兰、吴琼仙、袁淑芳、戴兰英、严蕊珠、屈秉筠等，众人面对画作各有情思。

席佩兰的才华深得袁枚之心，在女弟子群中位居于魁首。尽管她未曾参与两次湖楼宴集，依旧得以全身入画，且居于画面中心的位置，可见袁枚的偏爱之心。"中有弹琴人似我，数来刚好十三徽"一联道出了她心中的自满之意。

吴琼仙与袁淑芳此时刚得弟子之名，赏画之时满眼皆是羡慕。但二人个性不同，相比吴琼仙的自谦"自惭香草童蒙拾，也许随肩入讲坛"，袁淑芳不仅向袁枚提出了想要进入《后十三女弟子湖楼请业图》的志向，且霸气地自诩"请业重图后十三，侍公容我虱其间。诗坛若准宗盟例，同姓人应作领班"，颇有争夺中心人物之意。

戴兰英是袁枚的侄媳，她的诗作"十三行已早驰誉，后进追摹辄弃去"透露了无论是当年的湖楼宴集还是今日的图都早已声名在外。袁枚更是老怀有慰，在宴集的次年作诗《昨冬下苏松喜又得女弟子五人》。吴琼仙、严蕊珠、归懋仪等人都是此年才拜入袁枚门下的，这也是袁枚最后一次收女弟子。第二年年初，这位诗坛领军者即患疾，并于当年十一月逝世。

袁枚在生前曾为《后十三女弟子湖楼请业图》的绘制拜访过钱东、卢元素夫妇。为的是请其同意，有征卢元素入画的意向。但随着袁枚的去世，第二幅长卷是否绘制完成就成了历史之谜。

2012年，中国嘉德秋季拍卖会上出现了一幅署名为钱东、陈嵩之的画作，题为《后十三女弟子湖楼请业图》，落款时间为嘉庆二年（1797）八月，即袁枚逝世前夕。最终该幅画作以287500元的价格成交，如昙花一现般再次沉入历史的迷雾之中。

相比后卷的迷雾重重，拥有三个版本的前卷上都有署名为袁枚撰写的两段跋文，落款分别是嘉庆元年（1796）的二月与四月。

第一段跋文主要介绍了图中十三位仕女的身份，分别是：孙云凤、孙云鹤、席佩兰、孙裕馨、汪缵祖、汪妽、严蕊珠、廖云锦、张玉珍、屈婉仙、蒋心宝、金逸、鲍之蕙。此外还有袁枚的侄媳戴兰英。第二段题跋则交代了补绘曹次卿、钱林、骆绮兰三人，是因为两名女弟子孙裕馨与金逸已仙逝。

考虑到画上的跋文与袁枚文集中记载的湖楼宴集发生的时间及人物出入较大，因此画作有极大作伪的可能，或是同出于一个母本。

也许这三幅画都非袁枚当年让才女们品题的画卷，真正的《湖楼请业图》已经消失在了历史之中。但才女们的身姿依旧可以从画中窥见，这也是当年她们的偶像随园老人在人生最后的时光，誓要将她们入画的原因所在。

寿星不在的生日宴

清宣统二年十二月十九日（公历1911年初），西湖的灵峰寺中，一场特别的生日宴正在举行，但这场宴集的主角并不在场。此时，距离元祐六年（1091）的春天，这位主角离开杭州的那天，已经过去了八百余年。他就是苏轼，并不会出现在宴集上，却是让众人因他而集的人。

宴集的召集者是一位晚清儒商，名唤周庆云，别号"梦坡"。此"坡"即是苏东坡之坡。其自叙在光绪二十二年（1896）十月十五日的夜晚，梦见了苏文忠公。梦中的苏公与其十年前得到的蕉叶白砚背后所镌刻的样貌相同。二人交谈之间，忽有似曾相识之感。周庆云问苏轼："什么地方才是山水最胜之处？"苏轼答曰："镇江的金山与焦山最为雄浑。"梦醒后的周庆云将这段奇异的故事记录了下来，从此以"梦坡"自号。

当天参与苏轼生日宴集的有丹徒戴启文，余杭褚成博、稚成昌，秀州沈钧儒，桐乡郑衔华，钱塘孙智敏、戴兆鎏，仁和郑履征、程宗裕，海宁马汤楹，归安包公超、沈中，周庆云的同乡俞玉书、张善裕及儿子延初，加上周庆云，共十六人，由沈中撰写《东坡生日灵峰宴集序》。

灵峰寺位于深山之中，清风拂来，树影婆娑，行走其间，总会令人想起石崇的《思归引序》，"欻复见牵羁，婆娑于九列"。无论仕宦之人抑或江湖之士，总有片刻间想要遁入山林，纾解心中幽思。

众人在山中，怀想苏轼治理西湖，领袖风雅，为百姓所称善，即使世殊事异亦不被遗忘。称道他大隐隐于朝的高洁之行，感慨他因小人所谄而坎坷的命运。

苏轼曾写有《题灵峰寺》诗一首，曰："灵峰山上宝陀寺，白发东坡又到来。前世德云今我是，依稀犹记妙高台。"此诗并非写西湖灵峰，但与会众人将此诗附会于西湖北山的灵峰寺，将这里认定成苏轼曾经踏足过的旧地，为的不过是成全后人的一片仰慕东坡之心。并借东坡生日之机，追慕前贤风雅，再襄当年雅会湖山的盛举。

宴集的地点在补梅庵中。这座位于灵峰寺西侧的建筑刚落成不久。既有梅字，自然屋外梅花遍绕。屋旁则有掬月泉，掬月泉前有掬月艇，并非水中之舟，而是外形似舟的建筑。不远处是洗钵池，相传为灵峰寺开山祖师伏虎禅师洗钵之地。当天宴集时烹茶的水就来自洗钵池中。

众人饮酒尽兴，即席赋诗。有苦思诗句耸肩犯难的人，也有将画稿藏在衣袖中的人，沉浸在自如的欢愉中而忘却了时间。豪饮茶酒，分韵赋诗之外，泼墨卷轴也是文人雅集的传统。许是因为当天的宴集太过尽兴，第二年的秋天，周庆云才想起并没有图卷留存，因而嘱托晚清苏州籍画家秦敏树补绘《东坡生日灵峰宴集图》。巧合的是，这位秦敏树的先祖正是苏门四学士之一的秦观。

想当年秦观与苏轼在海康相会后，写下《江城子》一词："南来飞燕北归鸿。偶相逢。惨愁容。绿鬓朱颜，重见两衰翁。别后悠悠君莫问，无限事，不言中。　小槽春酒滴珠红。莫匆匆。满金钟。饮散落花流水、各西东。

后会不知何处是，烟浪远，暮云重。"而后秦观前往横州赴任，逝世于道中，定不会想到而今自己的后裔会以这种形式与历史上的苏轼"再次相会"。

图卷绘成之后，周庆云请当年参与宴集的众人题跋。戴启文的长诗中有："笠屐摹遗像，馨香荐至诚。好将诗献寿，合有句先呈。记昔东嘉会，登坛险韵赓。"

据南宋周紫芝所记，东坡居于海南儋州时，尝独游城北，过溪前往闵客草舍。偶然间他得到了一顶用蒲葵编成的帽子，便戴着帽子踏上归途。一路上，妇女与小孩看到苏轼戴帽的样子都哈哈大笑起来，连小狗也朝他吠叫，似乎是在说这个人好是奇怪。盛夏六月六日，炎热如在蒸笼，周紫芝坐在南轩诵读苏轼的诗词，忽然间大风自北方而来，顷刻大雨如注。于是赋七律一首，尾联曰："凭谁唤起王摩诘，画作东坡戴笠图。"

南宋以后这个故事广为流传，演变为了绘画中"东坡笠屐"这一主题。明清不少名家都曾绘制过以此为主题的苏轼肖像画。灵峰寿苏会的当天，或许寺中就藏有一幅苏轼笠屐图也未可知。

周庆云请戴启文补题绘卷时，他正在温州与他人一同举办寿苏会，分韵赋诗时还抽到了非常难押的韵。其实，当日的灵峰之集恰与戴启文的消寒小集撞期，为了能来赴灵峰之宴，戴启文特地将消寒小集向后推了一天。可见他也是爱苏之人，走到何处，寿苏会就办在何处。

众人爱苏，苏则爱梅。他写有著名的《红梅三首》，其一曰："怕愁贪睡独开迟，自恐冰容不入时。故作小红桃杏色，尚余孤瘦雪霜姿。寒心未肯随春态，酒晕无端上玉肌。诗老不知梅格在,更看绿叶与青枝。"

那时的苏轼正因乌台诗案贬谪黄州,因石延年《红梅》一诗的"认桃无绿叶,辨杏有青枝"有感而发,认为从前的人并不懂梅花的品格,所以才以绿叶与青枝来分辨桃、杏、梅,以此表达自身不坠青云之志。

灵峰是西湖上的赏梅胜地,于苏轼生日当天,在灵峰行赏梅庆贺之事,恐怕是众多寿苏宴集中最得苏轼心意之事。补梅庵外的梅花并非古树,大多是前一年新种的。这片梅林的种植者就是此次宴集的主持者周庆云。

宣统元年(1909),周庆云重游灵峰寺时,遇到住持莲溪上人。莲溪上人向其出示了一幅手卷《灵峰探梅图》。这幅水墨山水长卷的作者是杨振藩,卷首有何方谷所题八分书"灵峰探梅图"五字。图中绘就的正巧是五十年前发生于咸丰九年(1859)的故事。

那一年的元月十七日,陆小石邀请杨振藩、陈觉翁、汪铁樵、魏滋伯、高饮江、罗镜泉、吴康甫、何方谷、吴雪隐、陈子余、朱述庭、崔子厚、张藕舫与方外之人诺庵、慧闻、机宏、半颠,共十八人,宴集于灵峰寺,当时的住持还是墨倶上人。这位墨倶上人工诗、书、画,是一位艺僧。当日的与会之人皆留下了题咏,令往昔之情历历在目。

宴集是为梅花而来,可惜春天来的有些迟,花还没有开放,唯竹外依稀有数点抢先绽放的花朵。正月,春寒料峭,阴晴不定的天气也仿佛是即将落雪的前兆。来赴宴集的人不少与墨倶上人是旧相识,尤其是年已八十的陈觉翁,年轻时就曾到访过灵峰寺。于他而言,与寺中老僧入室茶话、相谈甚欢的情形仿佛就在昨天。

灵峰探梅

杨振藩所绘的《灵峰探梅图》虽只有一幅，灵峰宴集却不止举行了一次。陈觉翁的题咏"隔年曾两到，香火证前缘"说明灵峰宴集连续举办了两年，两年间的题诗都集于卷尾。而从理安寺僧真默的题咏可知第二年的宴集发生在咸丰十年（1960）二月。

这次的宴集，杭州著名的藏书家丁丙也参加了，他将参加宴集的十八人比作庐山东林寺发起白莲社的十八位高贤，将杨振藩比作扬无咎，陈觉翁比作陈师道，并写下:"探梅在庚申二月五日,越二十余日即城陷。方外谦谷,闰三月八日重题。"方外之士谦谷即是理安寺僧真默。

丁丙所言的"城陷",指的是咸丰十年(1860)二月,太平天国首次攻占杭州的史实。太平军对杭州的占领仅持续了五天,在战略目的达到后主动撤离了杭州。但战事还是对杭州城造成了不小的影响。家住城北的陆小石,书籍字画等家藏为之一空,唯有《灵峰探梅图》奇迹般保存了下来。

第二年,太平军再次围困杭州,陆小石之子陆有壬携带此图远避广东,一走就是三十年。远离家乡的漂泊岁月中,画卷因为潮湿,毁去了一半。于是陆有壬便将此图改装后,悬挂在墙上,凡遇到同乡之人便请其题咏。三十年时光转瞬即逝,正如蒋坦所题咏的那般:"卷中名姓从头忆,都是平生旧相识。昔时相见俱少年,双鬓如花渐成雪。"

何止是少年在老去,当年灵峰宴集的亲历者们,如高龄的陈觉翁等人也相继故世。待到光绪十七年(1891),陆有壬回到杭州时,呼唤旧友一同重游灵峰,寺庙依然,但树影不再。寺中的梅花已在战火纷飞的岁月中被毁。为了能让后人知道曾经的故事,陆有壬将《灵峰探梅图》重新装裱成长卷留在了寺中,直到周庆云的到来。

当周庆云展开图卷,一一诵读诗篇至吴雪隐所题咏的"梅寿老于僧,横绝不可画"之句时,方知灵峰寺曾有不少梅花且是老梅,便向寺中僧人询问。这里的梅花种植历史,虽比不上孤山与西溪,但也得源于一段人与人之间的因缘。

清代嘉庆初年，有一位名叫吴允升的书生性好佛老，立志要重修灵峰寺。由于人单力薄，数年以来进度艰难。镇守浙江的萨果恪将军与其交好，得知此事后出资襄助，离开杭州后亦时时为修建工程续上俸禄，终于使灵峰寺的殿宇为之一新。

约三十年后的道光二十三年（1843），萨果恪之子固庆来到杭州任副都统。想起从前随侍父亲走访杭城内外伽蓝与名流唱和的往事，深觉与灵峰寺渊源不浅。正巧寺中有山园数亩，荒芜已久，便捐与寺庙数百株果梅。

固庆所捐的这些梅花成就了十六年后陆小石等人的灵峰宴集。这批梅花虽然种植时间算不上特别久远，但足以蔚然成林。当杨雪渔的题咏"补梅绘咏更何年，山灵日日望吾辈"出现在周庆云眼前时，他的心中萌生了历史使命感。继承先人遗愿的周庆云从寺外的灵峰亭至半山的来鹤亭共补植梅花三百余株，并营造补梅庵一座，恢复了道光、咸丰年间灵峰寺的梅花胜景。

从咸丰年间的灵峰宴集到宣统年间的寿苏会，与会之人心中怀念与追慕的中心人物从"一树梅花一放翁"的陆游变成了"诗老不知梅格在"的苏轼。或许这不仅是个人趣味的转变，更是时代演变的缩影。但有一点不曾变换——对古之前贤的仰慕，对梅花的精神赞颂及对知己好友的珍重。

周庆云言："山水胜地，非人力可攫而私有也。凡吾所营，但当舍诸寺中。吾至且主，吾去则来游者尽人主也。是葺是保，则有赖于后之好事者耳，它又何望也。"所有来游之人皆是山水的主人，一方胜景能否长存皆仰赖后世之人一念之间。

而今的灵峰梅景早已远胜往日，或许唯有掬月泉畔的七星古梅仍记得，百余年前的那一天曾到访过一群在树下为苏轼庆生的人。

金石之缘

王羲之撰写的《兰亭集序》是很多人在学生时代都诵咏过的名篇。公元353年，王羲之与友人谢安、孙绰等名流共四十二人聚会于兰亭，行修禊之礼，饮酒赋诗。与会之人多为当时高门士族王、谢、郗、庾各家子弟，且半数以上官居高位。当日有十一人赋诗两首，十五人赋诗一首，结为《兰亭诗集》，由王羲之撰序总述其事。这便是闻名遐迩的天下第一行书《兰亭集序》的由来。

兰亭宴集是后世文人雅集的重要源头之一。为了纪念这一对东亚文明进程影响巨大的历史事件，在兰亭宴集发生后的第二十六个癸丑年，即1913年4月，中日两国同时举办"兰亭纪念会"。

中国方面的"兰亭纪念会"由西泠印社出面主办，出席人数近百人。虽参会人员名录今多已不可考，但有早期日本社员河井仙郎撰写的《西泠印社修禊纪盛》一文流传于世，可从中窥见当年活动的盛况。

"与会者无虑百人，类擅郑虔三绝之长技"，当日获邀之人均是在文学、绘画、书法上有一技之长的名家。会场庭中悬挂有王羲之画像和刻有永和九年字迹的古砖，并放置长几一案，供与会者挥毫泼墨，相互馈赠。参会之人有不少携带金石书画前来，共襄风雅的同时亦相互交换收藏。名书古画达三四百种之多，均在会场内陈列，供与会人员品鉴。因故无法前来会场之人则在上海遥集，为当下互联网时代流行的云上雅会之先风。

日本方面的"兰亭纪念会"分为东京与京都两个专场。其中东京专场由日下部鸣鹤、中林梧竹发起于日本桥俱乐部，与西泠印社一同举办于当年4月7日。京都专场则由内藤湖南发起，举办于4月9日，在日学者罗振玉、王国维均受邀到会。

京都的会场设在相隔不远的京都府立图书馆与南禅寺天授庵。京都府立图书馆为此次"兰亭纪念会"的展览现场，展出与《兰亭集序》及王羲之相关的墨迹和拓本。日本书道界尊王之风山来已久，因而当天有不少王羲之墨迹现身会场，其中就有著名的《游目帖》。此帖又名《蜀都帖》，虽是后世摹本，因有一百零二字之故，为王羲之信札中遗存字数较多的一件作品，乃清内府旧藏。咸丰、同治年间此帖被赐予恭亲王，并于晚清流入日本，后由广岛安达万藏所得。

南禅寺塔头天授庵则为诗会现场。当日王国维所赋咏之长诗《癸丑三月三日京都兰亭会诗》的最后两句是这样写的："君不见兰亭曲水埋荒烟，当年人物不复还。野人牵牛亭下过，但道今是牛儿年。"当王国维在京都怀念兰亭时，海的西面参与西泠印社"兰亭纪念会"的长尾雨山、高濑惺轩、小栗秋堂、纪成柯庭、岸田雨臣、友永霞峰、曹蘅史、吴隐等人在赴会西泠之前先前往绍兴寻访了兰亭旧址。正如《兰亭集序》所言："虽世殊事异，所以兴怀，其致一也。"

在华诸多与会日本人中，以长尾雨山最为知名。此人名长尾甲，雨山是其号，于1903年移居上海。方此时，丁仁、王禔、叶铭、吴隐四人正在孤山谋划创立西泠印社。

长尾甲在中国旅居长达十二年并与吴昌硕结为挚友。1914年回国之时，吴昌硕为其作《墨梅图》赠行。据《缶庐遗墨集》中长尾甲的自述，二人分别时，吴昌硕十分不舍，曾言："君远去矣，仆既老矣，恐不可再见矣。"此后虽隔海相望，然书信往来不断，吴昌硕更常寄赠诗歌给这位域外好友。

西泠印社社址中，在山川雨露图书室后鸿雪径旁有一方清泉。那是1911年的夏天，乃当时的山界墙坍塌后疏浚清理所得。王毓岱在《印泉记》中称此水可"鉴泉以订白水之盟"，亦可"瀹茗品泉，共涤烦襟，心心相印"。泉产于浙江，正合印学之中的浙派，又因南朝范柏年"廉泉让水"典故，拥有了"廉泉"与"印泉"两个名字。而今此泉依旧，泉旁山墙上斑驳的"印泉"两字，正是由长尾甲题写。

杭州是清代浙派印学的中心，有丁敬、蒋仁、黄易、奚冈、陈豫钟、陈鸿寿、赵之琛、钱松八家之称。八家共五代人，使浙派印学的传承绵延一百五十年之久。这也是晚清之时，印学团体西泠印社能在杭州诞生的重要原因。

1913年的"兰亭纪念会"不仅正举办于癸丑年，也是西泠印社创社的第十年。当年在社员大会上，众人公推吴昌硕先生为第一任社长，而长尾甲正是受到邀请入社的早期日本社员之一。尔后随着第一次世界大战爆发，长尾甲回到日本，因其号召力与推广，印社之名迅速传播海外。

以长尾甲为代表的西泠印社早期日本社员并非用

印泉

篆刻牵连起中日两国间文化交流的第一代人。早在明末清初之时，擅长篆刻的东皋心越与独立性易东渡日本，带去了篆刻艺术，巧合的是这两个人都与杭州有着至深渊源。

独立性易本就是杭州人，作为日本禅宗黄檗宗开山祖师隐元隆琦的弟子，他倡导的江户文人篆刻风格是日本篆刻的一大源流之一。东皋心越则在赴日之前住锡西湖永福寺多年，工于篆刻、古琴，有"日本篆刻之父"的美誉。

西泠印社中之所以有不少日本社员，除了当时中日知识阶层交流频繁外，正是得益于二百余年前东皋心越与独立性易将篆刻文化播撒异国的结果。日本的篆刻虽与浙派印学隔海相望，各自生长，但山川异域，风月同天，所受的熏陶却是来自同样一脉清泉。

受中国文化影响至深的日本汉学家们，除了研读经史子集，精进琴棋书画，甚至在人格与志趣上都与中国的文人士大夫们别无二致。寿苏会作为清代文人极喜爱的雅集主题之一，也随着文化交流的进程影响到了日本。

长尾甲本就对苏轼推崇备至，回到日本后更于 1916 年、1917 年、1918 年、1920 年、1937 年（一说 1915 年、1916 年、1917 年、1919 年、1937 年）五次主持召开寿苏会，并将前四次宴集的赋咏编成《寿苏录》赠予与会者。参与了 1913 年京都"兰亭纪念会"的罗振玉与王国维在日本时自然也是寿苏会的座上宾。

除寿苏会外，长尾甲还主持召开过赤壁会。1922 年 9 月 7 日，农历七月十六日，是《赤壁赋》诞生之后的第十四个"壬戌之秋"。这次赤壁会从前一年 8 月开始筹备，向各界同道发出邀请，期盼来年 9 月 7 日能泛舟京都郊外宇治川上，追仿当年苏轼畅游长江赤壁的故事。加上媒体宣传的推波助澜，当天到会三百人，可谓高朋满座。来客不仅包括参与前几次寿苏会的成员，更囊括了日本当时汉学界、书画鉴藏界的一流藏家与学者。

活动的中心会场设在宇治川西岸万碧楼。除在会场摆放东坡像以祭奠苏轼之外，还悬挂展出元明清诸家以苏轼或赤壁为主题的书画作品。戴进、唐寅、祝枝山、陈洪绶、曾鲸等人的真迹皆位列其中。茶席则设在江畔画舫、平等院旁花宅邸、登仗亭与翠云居等处。

由长尾甲所举办的寿苏会与赤壁会，其形式受西泠印社春秋雅集及他当年所参与的 1913 年"兰亭纪念会"影响颇深，并与西泠印社的相关活动同步。除古籍书画外，对篆刻作品的鉴赏也是活动中必不可少的组成部分。出现在 1922 年赤壁会上的篆刻作品便有奥村竹亭的《赤壁赋》印九十六枚及印谱。奥村竹亭将《赤壁赋》全文断句，一句入一印，共得印章九十六枚，是为这次活动精心准备的创作。所有印文合在一起便是完整的文章，可谓独具匠心。

因痴迷东坡而被其子长尾正和戏称"有东坡癖"的长尾甲多次举办寿苏会与赤壁会并非单纯模古与追求享乐，而是有着深刻的社会用意。1922年赤壁会前一日，《京都日日新闻》刊载了长尾甲的长文，阐述举办赤壁会的原因。对于后世之人而言，苏轼的人格令人尊敬，艺术成就则令人敬仰，赤壁会的举办不仅仅是为了怀念这位伟大的艺术家，更是想通过艺术让人追思过去，反省当下，给当时追求名利的社会降温。

此时的西泠印社虽未有赤壁会之举，也并非遗忘了这个特殊的日子。当年印社在孤山山顶凿岩得洞，以浙派印学鼻祖丁敬之号"龙泓山人"命名。可能是西湖已有飞来峰龙泓洞的缘故，因此唤"小龙泓洞"，并于七月十六日落成，正与八百四十年前苏轼游赤壁的日子相合，亦与宇治赤壁会相呼应。这段因缘以摩崖题记的形式被镌刻在了小龙泓洞中的岩壁上，时至今日字迹依然清晰。

> 东坡游赤壁后八百四十年，凿通岩洞，湖光山绿，呼吸靡间，登临涉览，遂为绝胜。纪印人雅，故名曰小龙泓。青田夏超、泉唐丁仁用功两千，直钱一百八十万，七月既望告成。古杭叶为铭记。

时光回溯到北宋熙宁五年（1072）的四月，日僧成寻携带圆仁《入唐求法巡礼行记》和戒觉《入宋日记》，与弟子数人搭乘来往中日间的商船偷渡来到中土，在杭州登岸。成寻此次入宋的目的地虽然是天台山与五台山，但因在杭州入关并停留备办各种手续，在西湖的诸多寺庙中留下了足迹。

在杭期间，成寻巡礼了龙华宝乘寺、兴教寺、净慈寺、天竺寺、灵隐寺等多座寺庙，在各处参与斋会点茶。更于三天内两赴灵隐天竺，漫游飞来峰。在与高僧海月的交谈中，成寻对拥有无数传说与史迹的飞来峰十分感兴趣，因而向寺庙索要相关碑记，后获赠陆羽《天竺灵隐二寺记》拓本。

当时接待成寻一行的杭州地方官正是知州沈立与通判苏轼。二人对偷渡而来的异国僧人的包容，正是对民族文化自信的最佳注脚。青春正盛的苏轼并不会预见不久之后的南宋，他的诗集与词集已成为赴宋日僧追捧的热门书籍，归国时必不可缺的无上佳品，并对日本五山文学的发展产生了深刻的影响，被奉为禅僧们钻研诗学的范本。

诗曰："投之以木瓜，报之以琼瑶。"文化的交流，有来亦有往。从东晋王羲之为首的兰亭宴集到 1913 年癸丑西泠印社与日本东京、京都两地的"兰亭纪念会"，是历史的传承与再现。从成寻入宋到苏轼文集东传，再到 1922 年京都宇治赤壁会、西泠印社开小龙泓洞，是文化的传播与交流。文明的因子通过一代又一代人之间的传递和一次又一次发生在人与人之间的宴集，绵延至今。

王国维先生《癸丑三月三日京都兰亭会诗》言："文物千秋有兴废，江河万古仍滂沛。"1945 年，收藏于广岛，在京都"兰亭纪念会"上令众人惊艳的《游目帖》毁于战火，但因金石而生的因缘并不会因为文物的损毁而消亡。

中日邦交正常化后，1973 年，日本书道联盟常务理事、书道艺术院理事长香川峰云率日本书印代表团来到西泠印社。跨越了战争与纷乱，中日两国的艺术家们再度坐在一起于题襟馆中举行了笔会，一如六十年前"兰亭纪念会"那样——"天朗气清，惠风和畅。仰观宇宙之大，俯察品类之盛，所以游目骋怀，足以极视听之娱，信可乐也。"

第四章

诗酒趁年华

春未老,风细柳斜斜。试上超然台上望,半壕春水一城花。烟雨暗千家。
寒食后,酒醒却咨嗟。休对故人思故国,且将新火试新茶。诗酒趁年华。
——〔宋〕苏轼《望江南·超然台作》

山水在琴

南宋景定四年(1263)前后,一座崭新的建筑在临安城内落成,名曰"吟台"。建筑的所有者是"中兴四将"之一张俊的五世孙张枢。吟台落成之日,有紫霞翁之号的杨缵带领众宾客莅临会场。

席间,杨缵让晚辈周密赋词一阕。交杯换盏间,张府的家姬们登台演出,歌舞助兴,所唱的就是周密方才填写的词章。在座的宾客无不惊喜万分,拍手称妙。当晚,酒醉尽兴后人群散去。第二天,周密再次到访张府,发现前一日自己所写家姬所歌的词章,竟然已经被书刻在了高楼之上。

这则被周密用寥寥百字记录在《瑞鹤仙》序言中的小故事,只是南宋末年文士之间宴集享乐的日常一页,却成为现代人了解何为宋词的重要篇章。

作为与音乐结合紧密的文学体裁,词盛行于宋代,是一个时代的文学标志。南宋末年,一群酷爱词学与音乐的文士在临安结成词社,名曰"西湖吟社"。吟社的成员，因为年代久远且记载稀少，一直以来众说纷纭。但有几个人，可以确定参加了吟社的重要活动。其中就包括吟台的所有者张枢、落成"剪彩"者杨缵、赋词助兴者周密。这三人是西湖吟社的核心成员。此外，与三人唱酬颇多的施岳、李彭老、李莱老、徐宇、奚㶀等人也应是吟社成员。

虽不知是先有的吟台，还是先有的吟社，但吟台的存在似乎正是为了呼应吟社的成立。身为世胄的张枢在沉迷词赋上可谓克承家学。祖父张镃著有《玉照堂词》一卷，父亲张濡亦通诗词，在湖上苏堤有别业松窗一座。家业传至张枢手中时，他已任宣词令、阁门簿书这样的清闲美职，已不需要多加勤勉，因此他尽可以流连文墨，闲暇时皆以游艺度日。

吟台在何处，一直是追逐西湖吟社背影的当代学者们想要探知的问题之一。对此周密留下了第一手线索："寄闲结吟台出花柳半空间。远迎双塔，下瞰六桥，标之曰：湖山绘幅。"

在张枢自己的笔下，吟台就称绘幅堂。吟社结成后的某一年月夕，即中秋佳节，他与李彭老登上吟台各赋一阕《壶中天》。中秋天气亦是赏桂佳时，两人的词章中都提到了桂花——所谓"平波不动，桂华底印清浅""香深屏翠，桂边满袖风露"。

张枢的祖父张镃在营建桂隐林泉时，曾写下《桂隐百课》详细描述园林景物的配置。在桂隐北园中就有一座体量非常大的建筑——群仙绘幅楼。此楼拥有前后十一间的巨大规模，且在四周种满了桂花树。绘幅楼作为桂隐林泉中最高的建筑之一，登临其上可远眺钱塘江与西湖群山，佳境尽收眼底。《赏心乐事》中更有八月"群仙绘幅楼观月"一项，可见从园林建成之日起，群仙绘幅楼便是中秋对月赏桂佳处。

张枢的吟台毫无疑问继承自祖父的群仙绘幅楼，只不过"群仙绘幅"变成了"湖山绘幅"。所谓绘幅即绘画，可能是指屏风画，也可能就是建筑中的壁画。"群仙图"是传统人物画中十分重要的题材，美术史上著名的《朝元仙仗图》与《八十七神仙卷》即是名作。南宋之时不少建筑仍有绘就壁画的习惯，譬如四圣延祥观中凉堂的壁画即为萧照所作。

"湖山绘幅"所指或许并不仅仅是登临高楼时所能见到的江湖诸山之风光。当年张镃所建的群仙绘幅楼经过近八十年岁月的洗礼已然陈旧，也许是张枢在此基址上再次营建新建筑时，将建筑中的绘画由群仙图更换成了湖山胜景图，只有如此理解才符合取名的用意。

西湖吟社作为文人集社，定然有活动的主持者与赞助者。如果说张枢的定位更像是赞助者，那么主持者的角色则非杨缵莫属。杨缵不仅是吟社诸人中最为年长之人，也是出身背景最为显赫的成员，其祖父是宋宁宗杨皇后长兄杨次山，女儿则是宋度宗的杨淑妃，宋端宗之母，是名副其实的皇亲国戚。

周密的词章中，吟社同人们立春即席，仲秋饮桂，唱和不断。更多的活动时间里，晚辈们还是围绕在杨缵的身边，冬去赏梅，夏来避暑。景定五年（1264）的夏天，暑热正盛，杨缵带着吟社众人到西湖东岸丰豫门外的环碧园中纳凉。当日有周密赋咏《采绿吟》一首，成为流传至今唯一有详细纪年的西湖吟社活动记录。

环碧园原为清晖御园，后成为宋宁宗杨皇后的宅园，遂为杨家所有。杨缵正是此园的主人。吟社众人身着夏日短衣，头戴白巾，在柳荫荷花荡里放舟穿行，或抚琴一曲高山流水，或研开笔墨挥毫淋漓。更有杨府家伎歌舞助兴，音声缭绕，清丽悠远。酒意半酣之时，随手采撷几片莲叶便开始切入宴集的正题——探题赋词。

周密拈到的词牌名叫《塞垣春》。填罢一阕后，杨缵当即翻阅词谱，按照音律吹奏起短箫。音声和谐且词章妙美，足以称之为"至美至善"之作。但"塞垣春"这个名字与周密所填的优雅文辞相比，画风差异过于巨大。于是便取词的首句"采绿鸳鸯浦"之语，将这个词牌名改为了《采绿吟》。四时风月的赏玩中，吟社之人最不缺的便是"从心所欲"的底气。

杨缵、周密、张枢等人皆精通音律，而杨缵又独擅于琴。他与门客毛敏仲、徐天民耗费二十余年编写了著名的《紫霞洞谱》，共收录琴曲468首。杨、毛、徐三

〔元〕袁桷《清容居士集》中对《紫霞洞谱》的记载

人的琴艺与谱系主要来自郭沔的传授，郭沔则是韩侂胄党人张岩的门客。他所得的琴谱大多来自张岩整理的韩琦古谱，再加上民间音乐、自创曲及散落在坊间的曲谱，共同构成了《紫霞洞谱》。这便是浙派古琴在南宋中后期主要的传承线索。

后人在对《紫霞洞谱》的研究中发现杨瓒确有一定的冒名之嫌，但无法动摇他在浙派古琴中的领袖地位。同时他也是格律词的践行者，是推动词的雅化进程中十分重要的一位人物。杨瓒无论地位抑或序齿都在吟社居于魁首，周密甚至自称出入其门下。正因如此，西湖吟社与浙派古琴、格律词派之间的关系十分密切。

杨瓒对音乐的重视，影响到了吟社中的每一个人，甚至是再晚一辈的张炎等人。《作词五要》是他所写的词学理论文章。所谓五要，一曰择腔，二曰择律，三曰按谱，四曰律韵，五曰立意。简而言之，音乐乃重中之重。南宋末年最能代表西湖吟社成员词学理念的故事便是周密、张矩、陈允平三人赋咏西湖十景组词的经过。

西湖十景之名最早见载于南宋祝穆的《方舆胜览》："好事者尝命十题，有曰：平湖秋月、苏堤春晓、断桥残雪、雷峰落照、南屏晚钟、曲院荷风、花港观鱼、柳浪闻莺、三潭印月、两峰插云。"待到宋理宗景定年间，十景之名已流传甚广，引发了文学家们的创作比赛。

景定四年（1263），张矩首先以西湖十景为主题，取词牌《应天长》创作了十首组词。他颇为自满地将成品拿给好友周密欣赏，自诩是古往今来的词家未能成就的尽善尽美之作。周密当时年轻气盛，以为西湖十景乃家门之外天下人共享之美景，岂是张矩能赋咏而他人所不能的，便想与张矩一较高下。他苦思冥想六天，最终择取词牌《木兰花慢》成词十首。除却将作品拿给张矩欣赏，还转手给了另一位好友陈允平，请他也一同参与这场比赛。

陈允平的组词写得很有意思，十景皆是不同的词牌，分别为《秋霁》《探春》《扫花游》《八声甘州》《蓦山溪》《齐天乐》《黄莺儿》《渡江云》《婆罗门引》《百字令》，独具创意。写作完成后，他不咸不淡地写下这组词的创作缘由与时间。可能是嗅到了早已弥漫的硝烟味，陈允平并没有直接参与到比赛中来，而是将展现的舞台完全留给了两位好友。

另一边，周密和张矩的比拼势必要有胜负，最终以张矩自认周密的确才高一等收场。几天后，周密得意洋洋地请杨缵评阅自己的大作。哪知这位老先生所给的评语并不如他设想的那样，而是指出："文辞虽然华丽，但似乎与音律并不完全相合。"于是亲自与他订正词中与音律不符的谬误之处，竟花费了数月之久。周密这才明白词不难写，难在修改，文字上的功夫也并非难在辞藻华丽，而是难在音律和谐。

对词的音乐性的坚持，实际也是一种对审美的坚持。正如杨缵率吟社众人赏梅宴集时所说的那样："梅之初绽，则轻红未消。已放，则一白呈露。古今夸赏，不出香白，顾未及此，欠事也。"意为欣赏梅花应从花朵刚绽放，花瓣还带有细微红色时开始，悉心等待到盛开时展露全白之色。可是古今之人赏梅，皆是只欣赏梅花全部开放之时的景象，而没能领略到美的全貌，实在是一件缺憾之事。

杨缵此言，与其说是赏梅，不如说是在借赏梅之论，表达理想的审美中词的写作方法。注重格律的雅正之词，有着细水长流般层层递进的文学表达，正如梅花从轻红未消至一白呈露，文辞瑰丽却收敛平和，乐而不淫，哀而不伤。在杨缵艺术理论的指导下，由施岳当场赋词一首，周密唱和。

周密一直十分敬佩施岳在词学上的造诣。清明佳节，两人曾放舟湖上，午后入里湖，日落而出，泊断桥小驻。于是各赋《曲游春》一阕，"看画船，尽入西泠，闲却半湖春色"。可惜施岳天寿不永，猝然离世后葬于虎头岩，由杨缵为其树梅作亭。

周密的词集中有一首《秋霁》作于咸淳元年（1265），序中曰："感岁华之摇落，不能不以之兴怀也。酒阑日暮，怃然成章。"词中则有"重到西泠，记芳园载酒，画船横笛"之句。文字之间与《曲游春》描绘的情状多有呼应，似乎是在深秋之时为怀念逝去的好友施岳所作。

人事飘零正是末世最不缺的情节。咸淳三年（1267），杨缵辞世，西湖吟社失去了最重要的人物，赏音寂然。杨家的东园是吟社成员们时常聚集欢宴的场所。他们曾在这里饯春，目送春之离去，也曾在秋夜列烛，交杯换盏。烛光闪烁间照亮了花外的秋林，投影在素白的四壁之上，参差间恍若李成、韦偃寒林画图。而今春去秋来，所遗者唯高墙之内访友不得的孤影。

远离东园之时，吟社中人总是格外想念故地。每每经过或是到访，又会因回忆起曾经的欢娱而倍感伤怀。甚至连次韵社友之时，周密都能怀念起东园旧事，连词中的文字都变得清冷了起来。

杨缵过世五年后，周密写下《重过东园兴怀知己二首》，其一曰："东园桃李记春时，杖屦相从日日嬉。

乌帽插花筹艳酒，碧莲探韵赋新诗。广陵散绝清弹苦，岘首碑空雨泪垂。物色已非知己尽，一回临眺一怀悲。"

"物色已非"的不仅仅是园林与旧友，还将是眼前的湖光与山色。转眼，临安陷落，三宫北迁。曾经筑就吟台，将周密的词作书刻在高楼之上的人，在春窗之侧与他饮酒半酣、度曲制词的人，卷入了政权更迭带来的悲剧之中。张枢的名字从此在历史的书页上消失，盛极一时的西湖吟社如落木萧萧，片片飞尽。

山河易主、知己连丧后的重阳，不再有月边饮桂与乘舟邀月。身陷黍离之悲的周密面对落木悲秋，心中挥之不去的吟唱是宋玉所写的《九辩》。"一梦东园，十年心事，恍然惊觉"，他怀思的是故国、故园、故友还是青春，抑或兼而有之。

此刻陪伴他的，只余"知音远、寂寂怨琴凄调"。十年前杨缵等人在世时的西湖吟社，已是广陵散绝，正如他自己在《征招》中所写的那般："万景正悲秋，奈曲终人杳。"

都在结社的路上

若问明朝的读书人们，杭州城里最流行什么文化活动，大概十有八九都会回答你"结社"。那时的文人们不是正忙着开展诗社活动，就是在结诗社的路上。明人对为何热衷结社这个问题，有着自己的一番理论："夫士必有所聚，穷则聚于学，达则聚于朝。及其退也，又聚于社……古之为社者，必合道艺之士，择山水之胜，感景光之迈，寄琴尊之乐，爰寓诸篇章，而诗作焉。"

物以类聚，人以群分。群体活动是读书人的共同爱好，必然会引起群聚效应。未能显达之时聚集于学堂，功成名就之时聚集于朝堂，告老还乡之后则聚集于社团。所谓"诗可以兴，可以观，可以群"，虽然本意指的是《诗经》，但用来比拟诗歌这种文学创作形式也未为不可。

既要结社必然就有相应的标准，如社员须富有学问及艺能，社址则要选在山明水秀之处，活动之中必不可少的则是琴与酒，最后要将雅兴付诸文字。赋诗成文才是一次社团活动最终的成果。明代的诗社与唐宋时的最大的不同便是有了详细的规约与章程，活动的开展也趋于定时，非随性而发。

彼时的杭州因为风景秀丽且人才俊美，诗社活动绵延不绝。其中有名的"西湖八社"，常被不知情的后人误认为是八个诗社的总称，实际却如"扬州八怪"之名，是一群人所结诗社之正名。

嘉靖四十一年（1562），"西湖八社"结成于西湖，社员共有七人：祝时泰、高应冕、王寅、刘子伯、方九叙、童汉臣、沈仕。除祝时泰为福建人、王寅是新安（徽州）人外，其余五人都是杭州人。从身份来看，祝时泰、高应冕、方九叙、童汉臣四人都有官职，王寅与刘子伯是庠生，沈仕则是隐士。

方九叙在《西湖八社诗帖序》中自言诗社乃接踵唐白居易香山九老会与宋文彦博、司马光、富弼洛阳耆英会的传统。虽然社中成员在出仕还是归隐上的选择决然不同，但在风雅之事上趣味相投，殊途同归，故能共聚一堂，以文会友。

"西湖八社"在杭州的出现并非偶然，而是有着深刻的前因。早在嘉靖二十五年（1546），方九叙与田汝成等八人就已在西湖结社。但嘉靖年间正是东南沿海倭患最为严重的时期。尤其是嘉靖三十四年至三十五年间（1555—1556），倭寇数度进犯杭州，雷峰塔、昭庆寺等景观皆遭毁。方九叙与田汝成所结的诗社也在此时停止了活动。尔后可能是故友逐渐离散凋零的缘故，并没能再续前缘。对方九叙而言，"西湖八社"的结成亦饱含着对前尘往事的追忆。

"西湖八社"之所以以"八"为名，乃是因为社址有八，并依社址范围内的名胜分别命名为：紫阳诗社、湖心诗社、玉岑诗社、飞来诗社、月岩诗社、南屏诗社、紫云诗社和洞霄诗社。所谓的社址，虽有具体名称但也并非固定的具体地点，而是一片临近的风景区总称，且每一个社址都有一位主社之人。

紫阳诗社的主持人为祝时泰，活动范围包括云居山、三茅山、青衣洞、七宝山、太虚楼、白鹿泉、元妙海会、五岳楼、星宿阁等处。

湖心诗社的主持人为刘子伯，活动范围包括岳祠、林墓、葛岭、苏堤、戒坛、玛瑙坡、六一泉、参寥泉、大佛寺、庆忌池、柳洲亭等处。

玉岑诗社的主持人为方九叙，活动范围包括高丽法相、烟霞洞、石屋洞、水乐洞、龙井、棋盘山、九溪十八涧等处。

飞来诗社的主持人为童汉臣，活动范围包括灵隐寺、三天竺、九里松、北高峰、集庆寺、普福寺、石人岭、韬光涧、西溪、冷泉亭、呼猿洞等处。

月岩诗社的主持人为高应冕，活动范围包括胜果、梵天、凤凰山、万松书院、五云山、六和塔、浙江潮、月岩亭、天真寺、龟田、三一泉、海鲜寺、秦望山等处。

南屏诗社的主持人为沈仕，活动范围包括净慈寺、南高峰、法因寺、虎跑寺、珍珠泉、甘露泉、藕花居、雷峰塔、金波园、内六桥、外六桥、肃愍墓、钱王祠等处。

紫云诗社与飞来诗社的主持人同为童汉臣，活动范围包括灵峰寺、玉泉寺、宝所塔、无门洞、佛会寺、雷院、初阳台、玉清宫等处。

洞霄诗社的主持人为王寅，活动范围包括天目、径山、洞霄宫、翠蛟亭、野翁亭、东坡泉、瀑布泉、苕溪、葛溪、大涤、天柱、九仙、岞崿石柱等处。

天目余脉、西湖内外的风光地，皆在"西湖八社"掌中。社址之外还有社约，共四条：

一、往西湖南山方向的活动，集合地点在涌金门外；往北山方向的活动，集合地点在昭庆寺。乘舟或坐肩舆前往均可，但有一点必须遵守：只能携带一名仆从，且迟到者有罚。

二、每次宴集轮流由一人主持，须制备所需食品，包括肉类三盘，蔬菜三盘，糖果点心无定数，并要带上足够的美酒，使能喝酒的人畅饮而归。

三、宴集间谈论的主题限于山水道艺范围内的清雅之物。如果有人一不小心论及了俗尘之事，便要罚酒一杯且须满饮而尽。

四、赋诗的主题限于景物,不得集句,须有新作。对诗作高低的评判,以是否称得上古朴雅致为最高准则。

值得称道的是,明代的诗社数以百千计,"西湖八社"是其中唯一完好保存了社序、社友、社址、社约、社诗的文学社团,这些历史资料在今天看来弥足珍贵。

诗社每逢春秋组织活动。春季之时,至湖西里外六桥赏雨后桃花,日暮泛舟西泠,上巳探幽烟霞,龙井品尝新茶,拜谒林逋旧宅,于白云堂茶话,登湖心亭,观鱼玉泉,凤凰山访南宋旧迹怀古,夜宿灵隐寺冷泉涧西僧宅。秋季之时,宴集童汉臣宅中赏芙蓉,山楼对雨,秋夕联句,寻紫阳洞人,登瑞石山楼瞰钱塘江,寄居山中月夜闻雁,访缙上人与圣水寺,观白鹿泉,重阳登定南楼。

"西湖八社"的活动持续了数年之久,社友们晴时赏花雨时听泉,践行"偃息林泉,追逐云月"的理想。虽然"西湖八社"的社约中有"凡诗命题,止即景物"的约定,然除却赏景赋诗之外,社集之中依然有一些极其有趣的"俗事"掺杂其间。

曾任浙江布政使的孔天胤在杭州期间曾与方九叙同结诗社。离开杭州后,许是听闻老友又开始了结社活动,并主盟"八社"之中的玉岑诗社,便写了一首《寄怀玉岑诗社》给"八社"中人:"莲社千年变诗社,江山文藻别为春。卷中珠玉传高咏,图里冠裳见伟人。望极琼峰树若荠,梦回瑶圃草如茵。游鱼亦有声音趣,欲往从之溯广钧。"

"八社"中人收到孔天胤寄诗后,专为此诗开席一场,以"答孔文谷见寄之作"为题,各人赋诗一首以答。

在以诗歌代言生活的古代，文学创作是文人重要的交流方式。写诗就如当代人发微信，因此没有什么事是不能成集的。

七人之中，社友王寅是新安人。某一年秋社举行之时，他正滞留家乡，特地从新安赶来。"八社"中人又为此一集，以"王仲房自新安来赴秋社"为题赋诗。"忆别梅花下，言期桂树丛。"梅花绽放之时，王寅与社友们作别，启程回乡，并约定三秋桂子之期再行集会，并言而有信，秋来便千里迢迢回到杭州，只为践行离别时的诺言。

"如何千里道，不爽九秋期""然诺由来重，谁能不顾期""诺因莲社重，句属辋川工"。王寅如此重约，皆因社友之间深厚的情谊。他自己也赋诗一首曰："临安秋结社，同调五君贤。独赴轻修阻，相期是隔年。欲为流寓计，还乏买山钱。暂托西湖隐，烟波借钓船。"

王寅只是庠生，没有官职，且与同为庠生的刘子伯又不同，他非杭人。流寓杭州的生活对于他而言是一笔不小的开支。但为了能与社友们相聚，他甘愿隐于西湖，垂钓湖山之间。"西湖八社"共有社友七人，除去王寅还余六人，但他却言社友为"五君贤"，是因为当日的宴集沈仕没有到场。

"西湖八社"虽有迟到必罚的社约，却没有如何处罚的约定。而沈仕是社员之中最为"散漫"者。检索社中诗词，每集之诗均以祝时泰、高应冕、王寅、刘子伯、方九叙、童汉臣的顺序排列井然，可见这几人每宴必到，不负"重诺"。唯有沈仕只出现了一次，在秋社的"山楼对雨"宴集中。

山楼对雨之宴，发生在"西湖八社"刚成立之年。

祝时泰诗曰："秋来三十日，大半是阴时。"高应冕与方九叙诗曰"十日山楼雨""对此弥旬雨"，可见淫雨之久。连绵阴雨使众人搁浅了往湖山间寻诗的打算，只得在山楼中饮酒赋诗直至深夜。

七人所作之诗中并未透露山楼所在。本该由沈仕主持的南屏诗社，因为盟主的长期缺席，实际也并未在南屏诗社范围内举办过任何一场宴集活动。或许这唯一一次沈仕出席的山楼对雨宴集，就发生在南屏诗社的范围内也未可知。

沈仕虽然常年告假，但却未被"西湖八社"除名。据说这位神秘的隐士并非不愿见客，而是因为诗社结成的当年他便北上京师"云游"，一去六年之久，也从"西湖八社"的活动中消失。一说直到隆庆二年（1568）左右，他年近七十才回到故乡杭州，并于万历五年（1577）逝世。

2008年西泠秋拍上出现了一幅署名为沈仕的《深山访友图》。此画为浅绛山水设色，右上方有题画诗并款署："乌桕丹枫叶渐凋，杜陵蓬鬓感萧萧。奚囊贮得秋光满，聊与西风破寂寥。锡老道兄一粲，仁和沈仕。"钤印三枚：沈氏懋学、青门山人、我画人不试。这极有可能是存世的沈仕画作与墨迹孤本。

沈家富有藏书，代有著述。出身于书香门第的沈仕诗文书画兼善，尤以南曲著称，时人称誉其为"江湖诗人第一流"与"南词宗匠"。因为他自号青门山人，所以所作的散曲称"青门体"，是昆腔兴起之前的散曲四派之一。这样一位在戏曲史上名声大噪且影响深远的人物，虽然生前著述颇丰，但因大部分作品已经散佚，故几乎不见于当下的文学书籍之中，以至于知者甚少。

明代中期是杭州地区结社活动爆发性增长的时期。如果说"西湖八社"足以荣获明代杭州文学社团的"最佳团体奖","最佳个人奖"则很可能意外地属于只参加了一次"西湖八社"活动的沈仕。明代出现在杭州的文学社团不下三十家,光嘉靖年间就有西湖书社、西湖社、大雅堂社、湖南吟社、孤山吟社等社团出现。而其中大部分的社团,沈仕都是参与者。

沈仕虽然一生不系功名,放浪天涯,却是杭州的文学社团中不可或缺的人物。嘉靖二十四年(1545),与张瀚、李奎、朱九疑等人结湖南吟社。嘉靖二十五年(1546),与张文宿、田汝成、李屿崚、方九叙等八人结西湖书社。嘉靖三十年(1551),与高应冕、方九叙、李奎、马三才、刘望阳等人结大雅堂社。

成立于嘉靖四十一年(1562)的"西湖八社"是沈仕加入的最后一个诗社,但他与诗社成员方九叙、高应冕等人早在过去的结社活动中就已经成为好友。因而"西湖八社"的存在并不单是对过去曾存在过的诗社的怀想,更是对它们的继承。

沈仕尽管常年缺席活动,但他在社员名录上的出现就是"西湖八社"承续传统的标志。是故,他虽然只参与了一次活动,但在诗社里始终占有一席之地。

沈仕虽是布衣,但以资历论,他才是身历几代诗社的行家。他虽然数度离开杭州,但只要是留居家乡的岁月,诗社就是其生活的一部分。他的人生几乎见证了明代杭州地区诗社的发展与繁荣,不是在诗社的宴集上,就是在结诗社的路上。生活或许不丰,但精神富有诗书,生平之愿足矣。

第四章 诗酒趁年华

〔明〕沈仕《深山访友图》

明清第一"女团"

今日若提起女团,所能想起的多半是偶像界的女子组合。但在三百年前的杭州若是有"女团"这个词,当时人想到的一定是活跃于诗坛的女性诗社团体。与今日的女团一样,当时的女性诗社团体不仅人气很高且粉丝众多。陈文述就是其中之一,他不仅是女诗人们的忠实粉丝,还为偶像们赋诗五百篇,缀成《西泠闺咏》一册。

《西泠闺咏》的诗歌体裁十分统一,全是七言律诗,歌咏的则是历史上在杭州出生或者到访过杭州的才女们。上至宋宁宗的杨皇后,下至名妓李师师,不限出身与地位。这位高举"女性文学"大旗奋力呐喊并立志于一碗水端平的粉丝,尽可能地为每位才女一人谱写了一首专属诗歌。单从数量来看,也称得上是十足用心。

陈文述不光是历代才女们的粉丝,还以袁枚为榜样成为才女们的"经纪人"与"赞助人",其门下的才女被称为"碧城仙馆女弟子"。虽然他广收女弟子的行为一直被一些封建道学家们所诟病,但在当时敢于突破历史的陈规,即便是夹带了一些私心与名利,站在今天回眸过去,也足以令人注目。

位列碧城仙馆女弟子的吴藻曾言:"吾杭为人才之薮,闺秀代兴。"在这片人物咸集的湖山中,三百年前曾出现过一群不让须眉的女士,她们效仿男子结社、交游、宴集、赋诗,史称"蕉园诗社"。如果说今天的偶像组合是以人气决高低,当时的杭州才女们比拼的则是诗书文墨。

这些女性在现代人刚会写字的年纪就学会了写诗,在现代人还在求学的年纪已经开始刊印诗集。虽然不能出仕做官，但多姿多彩的生活一点都不输于现代人。

晚明以来杭州的才女虽多，但要将才女们聚集起来却也不是一件容易事。从前的女子很少走出闺阁，她们虽互相为所撰的文集作序点评，却很少有人设想过召集才媛，宴集一地赋诗填词的可能。直到一个人的出现，才改变了历史的轨迹。

约在康熙十五年（1676），一位二十出头的年轻女子萌生了"超越常规"的理想，她想成立一个纯粹由女性组成的诗社，就像明代"西湖八社"和诗坛前辈"西泠十子"那样，纵情湖山，把酒放歌。

这位女子名叫林以宁，是进士林纶与妻子顾之璟所生的长女，后嫁与表兄钱肇修为妻。父族、母族与夫族皆是书香门第。有这样的家族环境，故她的才情没有被抹杀，从小就得到了不少称赏。她的父亲也没有把女儿当作寻常的女子养育，几次赴任外地之时，都不忘带上她一同饱览不同的山川与人情。

让林以宁萌生成立诗社的契机发生在康熙十三年（1674）。那一年，林以宁的表姐兼长嫂顾长任英年早逝。林以宁的兄长林以畏想起妻子生前未能实现的心愿——遍识诸媛，便请妹妹作《征诗启》，征集闺秀所作的挽诗悼念妻子。

林以宁与这位年长数岁的长嫂感情颇深，不仅因她们本就是表亲，更因为顾长任来到林家之后，受林母顾之璟之命，负责教导林以宁作诗。两人既为师徒，又是姐妹，更是知音，吟咏唱和十分投契。顾长任的离世对于林以宁而言等同于半个母亲亡故。

《征诗启》发布之后，林家兄妹陆续收到了钱凤纶、柴静仪、冯娴等人所作的诗歌。除钱凤纶是两人的表姐妹又是林以宁的大姑子，本就相熟外，柴静仪与冯娴两位稍稍年长的才媛都是远亲，从前并未听闻与相识。

　　林以宁与她们因诗相交，又以诗拜会二人。在失去了顾长任这位知己后，意外地收获了一群诗友。柴、冯二人对年纪尚小的林以宁也十分看重，便将自己身旁的才媛也推荐给她认识。于是围绕在林以宁周围的才女越来越多，发生在三三两两间的往来聚会逐渐有了小小的规模。

　　久而久之，这些一起读诗论词的女士就从普通的小姐妹结为了金兰之交。每逢雪月佳节，就聚集在一起拈韵分题。沉迷诗词之美过于欢乐，时间的流逝也特别迅速，常常夜半之时月落西斜宴席还没有收场。

　　既是如此，不如就结成诗社，像明代的"西湖八社"那样定下社约、社员、社址，进行正式的文学活动。当林以宁把这个在当时的人看来颇有点非主流的理想告诉自己的婆婆顾之琼时，这位出自书香门第的年长女性对儿媳的新奇想法十分支持。

　　顾之琼年幼时曾与胞妹，也就是林以宁的母亲顾之瑗一同学诗。她们的母亲黄字鸿与姑姑顾若璞都是当时有名的才女，并不排斥女性习文，让姐妹俩受到了很好的教育。但无论是母辈还是己辈，即使曾羡慕男性士人的歌咏风雅，或许也曾有过结社的畅想，却并没有实现的可能与空间。

　　看着儿媳林以宁与自己的女儿钱凤纶因诗相知，以诗相伴，顾之琼回忆起了在娘家的亭台楼阁里与姐妹们联唱风月的少女时代。她也想亲自参加到这一重要的活动中来，只是身体日渐衰颓，恐不假于年岁。她应林以宁的邀请，亲自为即将诞生的诗社撰写下《蕉园诗社启》，这是作为长辈送给孩子们的礼物和期盼。

康熙十五年（1676）重阳后二日，蕉园诗社的活动正式开始。柴静仪、冯娴、钱凤纶、顾姒、林以宁五人相约于顾豹文家的名园愿圃。从众人所作诗词遗存的述名排序来看，林以宁是诸子之中年纪最小的一位，但并不妨碍她成为诗社的中心人物。不知愿圃当天是否只有蕉园诗社一场活动，若有旁人看到五位女士同倚红栏，争相赋诗的场景，想必会叹为观止。

愿圃之中有梅花与芦花，蕉园诗社的宴集召开之时也正是芦花最盛的时刻。林以宁化用《诗经》中《蒹葭》的典故，写下"溯洄他日重相访，一片蒹葭秋水长"十四个字，载满了以文会友的雀跃与对未来人生的期待。

"堤柳依人，湘帘画舫明湖泛。桃花开遍，共试春衫练。　雨丝风片，暗扑游人面。春方半，韶华荏苒，分付莺和燕。"这首出自柴静仪之手的小令《点绛唇》，记录的是一次蕉园诗社的游湖活动。

每当春风乍暖景物鲜明之时，蕉园诗社的宴集便从城市的园林转入了城外的湖山。柴静仪作为诗社群芳中最为年长者，常独自乘坐小艇悠游湖上。偶尔诗社中人借得画舫，便在舟船之上分韵题诗。往来湖山间的仕女们乘着船经过，见邻船的女士们正在进行"文学游戏"，便令船工停下划桨，凑在水旁看起了热闹，而后自愧不如。

林以宁的《墨庄诗钞》中有这样三首诗歌，按排序先后是《晓游湖心亭》《西湖春泛》《乘月至孤山》。

西溪是蕉园诗社的雅集地

　　如若是同一次宴集所作，那便也是一则游湖的故事。

　　清晨先聚于湖心小岛中的高台上远眺春山与白云。诗社诸子联唱诗作，林以宁的诗稿还未构思完全便被旁人催促着且莫徘徊。春日的天气总是瞬息万变，方才还是晴空万里，转瞬就飘起了小雨。蕉园诸子躲于舟中，看湖上波光粼粼，远处长堤初绿。正是春茶上市的季节，来一盏新沏的龙井也必不可少。短暂的风雨过后，弃船上岸，系舟孤山，月华初上正是赏景之时。石亭里，诸子诗成四韵，梅画古枝。兴尽志满却担心日后难得再会。

　　随着蕉园诗社影响力的扩大，散落在尘世间的才女们听闻之后也纷纷想要参与其中。长期寓居杭州的著名戏曲家李渔的长女李端明就是其中跃跃欲试的一员。李端明家有抱青阁一座，主营书籍的制作与买卖，由丈夫沈心友负责经营。

某一年的暮春，李端明将抱青阁提供给了蕉园诗社开展宴集活动。诗社诸子在高楼之上斗酒赋诗，俯仰万物春生。夕阳西下之时，众人正欲各自归家，李端明便以丝竹管弦相留。她不愧是创作了"笠翁十种曲"并蓄养家班的大戏曲家的千金，命家姬奏乐起舞不过是寻常的生活。蕉园诗社中本就有不少成员擅长词曲，自然欣赏得入迷。

然而，当时的女性即便能走出闺阁吟诵山水与人生，也不得不为许多旁事所累：持家、育儿，以及跟随仕宦四方的丈夫的脚步。康熙二十九年（1690），柴静仪去世，加上其他成员迁徙离杭的情况时有发生，诗社的活动渐趋停顿。待到林以宁再次走入愿圃，那日的秋水已非今日的春光。

在愿圃宴集之后，林以宁至少重访过这座园林一次。这位擅长诗文之外还擅长词曲的女性文学家专门为诗社中人谱写过一套散曲【南仙吕入双调·晓行序】《重游愿圃有怀又令季娴云仪诸子》，在曲中将愿圃比作金谷园亭。

金谷园是西晋石崇的别墅。相传石崇与潘岳、左思、陆机等二十四人宴集于此，那是比兰亭雅集更为久远的故事。顾豹文的愿圃作为文人的别业自然不如权臣石崇耗巨资所建的金谷园繁华，能相提并论的只有发生在金谷园中的宴集与发生在愿圃的蕉园诗会。这是林以宁足以自豪地写下比拟之词的原因。

与夫婿钱肇修一起再次走入愿圃时，这座园林已重新疏浚了池沼，补种了梅花，新修了建筑，恍若王维笔下的《辋川图》。林以宁虽沉浸于亭台之美，笑问夫君这里是否像是仙人所隐之境，但心中所怀想的依然是与

《西泠闺咏》书影

蕉园诸子曾在这里流连过的时光。

她登上当日分韵赋诗的高楼，看到红墙上仍依稀能辨得当年留题的墨迹，只是"更喜旧时亭畔鹤，低徊顾影自梳翎"。她们曾在此处倚着红栏，"照水双双看鹤舞，衔芦一一数归鸿"。只是而今鹤随人去，再也寻不见那清逸的身影。

林以宁十分喜爱鹤，曾于月夜在孤山待鹤，也曾写下长篇《放鹤赋》。在她的眼中，鹤是仙禽，专伴幽人。月光下独自翱翔的白鹤正是她自己的化身，想要振翅高飞自在遨游，却也似明清交替时的江南文士们，时运不济且知音难寻。

明朝灭亡后，林以宁的外祖父顾若群遁入空门。顺治十四年（1657），公公钱开宗因江南科考案被正法，其妻籍入官奴发配辽阳。康熙十七年（1678），父亲林纶因不媚权贵遭人陷害亦流放奉天。钱林两家的长子钱元修与林以畏皆因父亲获罪之事上书陈冤，四处求告然不获上闻，最终一呕血而死，一抑郁而亡。

林以宁所目睹的父族、母族、夫族所经历的一切，正是那个时代的缩影。时代的变迁中，不仅有政治上的翻天覆地，还有一个个家族的破亡。诗歌成为另一种寄托，被她们吟咏过的白鹤则承载着互相的思念、志士的高洁与不灭的文明。虽是历史的过客，却留下了独一无二的足迹。

"分题角韵，接席联吟，极一时艺林之胜事。其后分道扬镳，各传衣钵。终清之世，钱塘文学，为东南妇女之冠，其孕育滋乳之功，厥在此也。"梁乙真在《中国妇女文学史纲》中给了了蕉园诸子高度评价。

当道光七年（1827）陈文述为《西泠闺咏》写下自序的时候，发出了"师友文献，亦大半零落矣"的感慨，更何况是闺秀文学。人的生命有限，不能预知后世，他能记下的唯有他听到见到的人与事，期许着数百年后能有如他样的好事者，为他沉迷或是经营过的"女团"再书华章。

"本塘文艺界年会"

清乾隆十一年（1746）闰三月三日，微雨飘荡中，活跃于杭州文艺界的老中青三代人，凡是在文学上成一家之言或是在艺术上有一技之长者，无论是自发前往抑或是跟随着父祖脚步，无不欢欣喜悦一早就出了城，向着西湖边走去。

这天是传统节日上巳，自古便有于水边修禊的节俗。早在节前，杭州知府鄂敏就向杭城内外精通文墨之人广撒请帖，邀请江南的文雅之士于湖上一叙。当天受邀到场者有六十一人，没能与会但事后补寄诗歌者有二十二人。

如果说自宋代以来三月三日便是杭州地区一年一度的"本塘文艺界年会"举办之时，那么乾隆十一年的这次聚会就堪称清代开国以来发生于西湖之上规模最为浩大的文人雅士宴集，且当日获邀出席者多为当世名流，如此文化盛景可谓百年难得一见。

这场宴集的主持人鄂敏虽出身满洲镶黄旗，但受家族影响，汉化甚深，在文学上造诣不俗，史载其"文采风流"。他自乾隆九年（1744）任杭州知府至乾隆十五年（1750）离任去官，在杭州任职长达六年之久。西湖修禊正发生于其任期内的得意之时。

自古以来，历代杭州地方官员都有追慕苏白之心，有能力的人更不乏有模仿苏白之举。尤其是在杭州停留时间较长的地方官员，大多会亲自主持一些文学宴集活动，以扩大自己在文化圈的影响力，更能博得礼贤下士的雅名。

鄂敏并非是第一位热衷开展文化活动的地方官。在这场风流聚会发生的五百多年前，南宋宝庆三年（1227）上巳日，西湖上也举行了一次修禊活动，主持人是当时的临安知府袁韶。这场宴集因翰林学士知制诰兼修玉牒官兼侍读的程珌写有一篇《西湖禊事记》从而留知于世。

宝庆年间的西湖修禊打着追慕晋代兰亭、唐代洛滨雅集遗风的旗号，浩浩荡荡的十四人队伍从张圃启程。先小宴一席，在座之人皆举觞畅饮，酒足饭饱之后又乘船前往苏堤，拜谒先贤祠，瞻仰历代圣贤之仁德。

先贤祠虽说是仰止千载之风的地方，但程珌笔下的拜谒，也不是今天人想象的严肃枯燥的活动。主办方早就安排好了足以与"先贤们"相称的娱乐节目。现场演奏了《南薰曲》《空山白云》等歌颂圣人之贤德、君主之教化的琴曲，并有歌伎在乐曲声中翩跹起舞。

尽享歌舞之兴后，以袁韶为首的一行人骑马前往孤山。三月正是海棠盛开的时节，孤山又是湖中之岛，近可以细瞻花枝，远可以领略群山，所谓："是日也，晓烟空濛，昼景澄豁，睹物情之咸畅，喜春意之日新，却弦断管，一尘不侵，越嶂吴山，尽入清赏。"程珌既主笔上巳记文，多少也要模仿一下王羲之当年的口吻。

得知临安知府正在组织大型宴集活动，行程中的围观群众自然也不少。当天袁韶心情大好，将路上遇到的商贩手中正贩卖的商品尽数买下，广布德泽于百姓。正在西湖上泛舟的都民们也纷纷驾着小艇追赶知府的大船，袁韶也没有封锁湖面或是让他们退下，而是邀请他们一同享受山水风光。让随侍在侧的程珌发出了"此京尹之仁，都民之和，而太平之观也"的赞叹。

既是宴集就不能光有歌舞与酒会。自兰亭雅集以来，文学创作就成为上巳修禊活动的一部分，高举追慕兰亭遗风旗号的宝庆上巳修禊也不能例外。欢娱过后，众人开始探讨晚唐的诗歌，效仿苏轼当年的风雅，不知不觉间夕阳已西下。

移舟泊岸后，众人尤觉意犹未尽，便相约清明那日再行宴集。在场的十四人当天作了什么诗，或是谈论了什么深刻的话题，后世之人无从得知。也可能沉迷游乐的"知府大人观光团"在复杂的行程中并没有太多心思与空闲坐下来拈起纸笔。

《西湖禊事记》曰："他日舆图尽版，护跸上京，则追洛水之游、寻曲江之胜未央也，尚当续纪之。"虽不知清明是否再会，但这显然并非袁韶一行人的目标。他们并不安于此刻的太平与享乐，而是期待着有朝一日能收复故土，光复三京，上巳之时便可前往洛水与曲江修禊，那便是不逊于兰亭、洛滨的宴集。

程珌或许期待着能够再次写下记文，但这样美好的畅想并没能有付诸实施的那天。南宋时的西湖修禊虽然听上去像是一个笑话，却也并非只是一则趣闻。这场盛大且铺张的宴集，无论从规模大小抑或内容丰富程度来看都冠绝两宋，也让后世每一位阅读《西湖禊事记》的人从中窥探到了袁韶深埋于风花雪月背后的复杂用心。

从那时开始，以在杭官员的身份于西湖举办上巳修禊，都不再是一件单纯的"娱乐"事件。袁韶借风雅之机，隆重推出苏堤上由他主持修建的先贤堂，又让程珌在"游记"中高喊南宋君臣最奢求的口号与理想，不过是一个在京官员为自己增加仕途上的筹码，用心营造良好的政治形象。

时光流逝五百多年后到了乾隆年间，上巳修禊依旧不是一件毫无政治用心的事。巧合的是从与会之人徐以震的诗句"西村亦胜地"来看，当日的西湖修禊似乎也

西湖

是在孤山举行，颇有承续传统的意味。鄂敏将群英所作之诗刊刻成集，由高僧释明中作图，周京作后序，辑为《西湖修禊诗》一卷，这便是有了将佳话传之千古的打算。

比之袁韶主持的这场附庸风雅的宴集更多彰显的是京城的富庶及地方官员与百姓同乐的氛围，所以并不介意旁人撰记从第三者的视角凸显当时的仁政不同，鄂敏之所以广揽群贤，自然有凸显自身号召力的用意，因此诗集的序言当然是由他自己所写，如此这般才有高屋建瓴之效。

鄂敏在序言的开头便提出："诗者，先王之教也……兰亭禊饮也，即诗教也。持衰盛，泯彭殇，疏襟远趣，各见一斑。顾其所得者，沂水春风之意。"将诗歌的人伦教化之用放在了首位，"本塘文艺界的年会"不仅是对风花雪月的歌咏，更是要对万民产生教化之功。

所谓"沂水春风之意"指的是《论语》著名的《子

路、曾皙、冉有、公西华侍坐》中所言的："莫春者，春服既成。冠者五六人，童子六七人，浴乎沂，风乎舞雩，咏而归。"

在鄂敏看来，乾隆十一年（1746）西湖的春天就是孔子理想中的完美诠释。杭州不仅山清水秀且人文荟萃，他所邀请的宾客们就是那"冠者五六人"与"童子六七人"。众人载歌载舞，赋咏诗词，畅怀而归。而他作为守土的一方长官，有移风易俗的职责，如此也可以无愧于古人的诗歌与圣明之贤的教诲。

在拟古思潮的影响下，这次西湖修禊全面效法东晋的兰亭宴集，甚至连作诗也只限于四言、五言之体，与会之人通过抽签择取韵脚。鄂敏自诩此次宴集"诗酒移情，不减永和盛事"，虽然多少带了些骄傲之心，倒也不算是特别夸张，只要看一看当时出席人员的名单，便可以感知到知府大人骄傲的资本。

第一类人是学者型官员，如梁文濂、陈兆仑、杭世骏、孙陈典、全祖望。梁文濂的名字或许令不少人感到陌生，他的儿子梁诗正（大学士，《三希堂法帖》的编纂者）与孙子梁同书（书法家）的大名就要为人熟知许多。当日与梁文濂一同赴宴的是他的另一个儿子梁启心。

陈兆仑是桐城派方苞入室弟子，参与过《大清会典》《明纪纲目》《续文献通考》的编修，他的孙女是长篇弹词《再生缘》的作者陈端生。孙陈典与袁枚交好，其后裔孙云凤是袁枚的女弟子之一，湖楼请业宴集的发起者。

全祖望，史学家，浙东学派代表人物，著有《汉书地理志稽疑》《古今通史年表》。杭世骏，经学家、史学家，著有《史记考证》《两汉书疏证》《三国志补注》。当天一同到场的还有其五弟杭世瑞。

第二类人是富有诗名的文学家，如厉鹗、周京、汪台，一为进士，一为国子学生，一为国子贡生。厉鹗是浙西词派代表人物，当天一同随行的还有其子厉志黼。周京是《西湖修禊诗》后序的作者。汪台则是两年前复园之会的组织者之一，复园即是汪家的园林。

第三类人是杭州城内著名藏书楼的主人，如吴城、赵一清、汪启淑。吴城是藏书家吴焯之子，瓶花斋第二任主人，家中收藏有南宋陈起刊本《江湖集》（六十四家）九十五卷。当天一同列席的还有其弟吴玉墀，其子吴中麟。

赵一清是藏书家赵昱之子，小山堂的后人，家藏的一部分来自晚明藏书楼澹生堂，家中藏本多抄自宁波范氏天一楼、广陵马氏小玲珑山馆及同城的吴氏瓶花斋。汪启淑是开万楼主人，犹爱金石篆刻，刻有《飞鸿堂印谱》，是浙派篆刻形成和发展的重要推手。

第四类人虽为布衣但却是名垂青史的艺术家，如金农、丁敬。金农为"扬州八怪"之首，善画竹石墨梅，书法带有浓郁的金石气，风格独行。丁敬为"西泠八家"之首，浙派篆刻的开山祖师。金丁二人于候潮门外比邻而居，或许当天他们是结伴而来。

第五类人是高僧，如释明中、释篆玉。两人皆长于诗文，当时一主孤山圣因寺，一主南山净慈寺。

西湖修禊群星璀璨，鄂敏则是这场活动当之无愧的主角。在这场人文盛宴中，杭城内外的名士悉数登场。

钦佩鄂敏的为人也好，知府相邀不便不赴也好，出于政治考量不得不去也好，各人的心中或许都有不同的盘算。因而最终刊刻成卷的诗歌也皆为应制而作，自然写景抒情的多，阐述思想的少。这些长于文辞但简于内容的诗篇虽然出自名家之手，但在文学造诣上远不及前贤，正如当时的时代，衰败之兆就埋藏在封建社会最后的"盛世光环"下。

当日参与西湖修禊的人除了同居乡里，或为亲戚，或为好友外，其中数位之间还有着特别的联系。周京、金志章、金农、许承祖、厉鹗、梁启心、丁敬、杭世骏、吴城、汪台、张湄、徐大纶、释明中、释篆玉等人皆是南屏诗社的成员。换言之，南屏诗社中的大部分人参与了乾隆十一年的西湖修禊，这些人是当日宴集仅次于鄂敏的主角。

西湖的历史上曾出现过多个南屏诗社、南屏社，与西湖修禊有关的南屏诗社是乾隆八年（1743）秋天，杭世骏罢官回杭后闲居乡里期间开设的坛坫。次年七月十二日，随着汪台家复园池上的红板桥竣工，诗社众人由是聚首分韵赋诗，诗社正式成立。这场复园之会留下了《复园红板桥诗》一卷，并由丁敬题字，释明中绘图。

两年后，鄂敏主持的西湖修禊与其说是效仿的兰亭故事，不如说是翻版的复园之会。区别在于参与者的规模是复园之会的三倍，组织者也从诗社这样的民间组织变成了杭州知府，成为半官方活动。鄂敏更因西湖修禊的举办，成功打造了自身优容文士、涵养文脉、教化人伦的形象，并摘取了推动这一时期杭州文学活动繁荣的首功。

乾隆年间，随着清朝统治的稳定及满族汉化的加深，民族矛盾渐趋柔和。但官场之中的如履薄冰依然是汉族知识分子心中挥之不去的阴影。杭世骏因直言进谏触犯龙颜而还乡，组织诗社吟咏山水，不过是想要寄托人生。知府大人大宴宾客主持修禊，为的却是拉拢安抚江南文士之心。两人殊途亦不同归。

杭世骏是出了名的"杭铁头"，为此得罪了乾隆帝不知多少次。乾隆曾问他何以老而不死，这位仁兄却回答"尚要歌咏太平"。君臣两人都是话里有话地相互讽刺着对方，想要不结怨都难。

据龚自珍《杭大宗逸事状》描述，乾隆三十八年（1773），乾隆皇帝南巡至杭州时杭世骏前来迎驾。结果这位皇帝却环顾左右问道："杭世骏还没有死么？"战战兢兢、抑郁且失望的杭世骏在当天回到家后便与世长辞了。故事的真假难以评说，但龚自珍借这个故事讽刺腐朽的封建统治，比之杭世骏扬言要歌咏太平，也是文采不足但愤恨有余。

古老的太平年代，每逢三月三日，"本塘文艺界年会"就会在西湖边上演。这部一年只上演一次的剧目，每一出戏的题目都一样，内容也差不太多，但演员们的心情与导演们的理想全然不同。最终，随着封建帝国的倾圮，上巳节日渐落寞，剧目被永久封存，道具也逐渐废弃。

读书人的桃花源

嘉庆元年（1796），浙江学政阮元机缘巧合之下得到了一枚南宋团扇，扇面为马远所绘，还有宋宁宗杨皇后的题字。南宋四家之一的绘迹，皇后的手书，如此宝物自然难得。阮元当即命人依样仿制了数把。正巧依例学政须视察教务，他便以团扇为题考评学生的文采，若是佳作可获赠仿扇。当天，才二十余岁的陈文述应声作诗。

> 江南三月春风歇，樱桃花底莺声滑。
> 合欢团扇翦轻纨，分明采得天边月。
> 南渡丹青待诏多，传闻旧谱出宣和。
> 入怀休说班姬怨，羞见曾怜晋女歌。
> 班姬晋女今何有，携来合付纤纤手。
> 阑前扑蝶影香迟，花间障面徘徊久。
> 楼台花鸟院中春，马画杨题竟逼真。
> 歌得合欢词一曲，只应留赠合欢人。

阮元对陈文述的诗作大加称赏，拔其为头筹，批其诗"不知谁是合欢人"，并以团扇赠之。以此为契机，陈文述成为阮元的入室弟子，以"琅嬛弟子"自署。当日所作的诗歌被杭州的文士们交口相传，陈文述于是得到了"陈团扇"的别号，并自刻"团扇诗人"印章一枚。爱尚团扇之风也在杭州城里不胫而走，一时间，街头巷尾的人们都手持起了团扇，附庸阮学政引领的风雅。

作为一位留居杭州达十年之久的学者型官员，杭州虽然有阮公墩、阮公祠等与阮元有关的景观与遗迹，且阮元生活的年代离当下又比较接近，但了解他的人实在不多。历来的杭州地方官员，像阮元这样热心于文教，倾力于人才培养与选拔的并不多。

当阮元第一次来到杭州后，他的幕僚孙韶回到江宁拜见袁枚，向年逾八旬的袁枚讲述阮元的才学与政风，并为他诵读阮元所作的诗篇。能有如此高士主政杭州，令随园老人欣喜不已。袁枚虽未见过其人，也只是听旁人言语，却作出了如下评语："近复持衡两浙，吾乡多士，得一宗工，当何如抃庆耶？"

所谓"宗工"即宗匠，"抃庆"则是鼓掌相庆的意思。袁枚当然没能看到日后的阮元如何构建自己的政治蓝图，但历史的发展的确如他所料，阮元之功在"百年之计，莫如树人"上。这位扬弃了陈旧腐朽的八股文，以诗赋和实学培养与挑选人才的官员，在任上创办了诂经精舍，不以科举为纲目而以学问通达为根本。

阮元在诂经精舍西侧，清行宫东畔修建了"西湖第一楼"，作为师生们的游息之所，更以此作为宴集的场所，携浙中名士们于此雅会。他延请王昶、孙星衍等名家在诂经精舍开设讲席，西湖第一楼自然就成为课后名士云集所在。

嘉庆五年（1800）的冬天，阮元与孙韶、陈鸿寿、陈文述等九人从天竺拜谒归来，至灵隐寺求饭食。雪中的西湖如张岱的散文所描写的那样杳无人烟，只有流云与山峦，荒凉之中颇具禅意。脚下的木屐在寂静的寺庙中踏出了清响，不揣冒昧前来打扰高僧们清修的阮元见禅堂里早已点燃了炉火，烹沸了茶，为来客煮起了冬笋以作饭食。饱餐之后，一行人便出山归家。

聚会还没有结束，他们的目的地是孤山的西湖第一楼。食罢了斋饭，还须欣赏雪景，举酒论诗。第一楼远对西湖南岸的南屏山，可远眺雷峰塔影。当天的雪并不是特别大，因而还能一览众山之妙，楼下湖波隐泛，仿佛能听见船夫摇橹的声音。

阮元在《题西湖第一楼》诗中曾将此处比作卧龙之所，可见他对诂经精舍的期望至高。眼前纯白的湖山承载着阮元心中瑰丽的梦想，视育人为要务的他爱重贤才与名士是必然的。

阮公祠

　　当年五月初八，阮元与王昶、孙星衍、林述曾、张鉴、段玉裁、陶定山及诂经精舍众生员奉许慎、郑玄等春秋祭祀，会于第一楼。十天之后五月十八日，阮元再邀孙星衍、程瑶田与段玉裁至第一楼宴集。"汉唐绝业千秋定，吴越才人四座收。旷代知音数巡酒，临岐争忍不淹留。"孙星衍在诗中对阮元赞不绝口，赞其功比汉唐盛世，虽有夸大之嫌，但从历史来看也并非狂妄之语。

　　阮元对师生的礼遇与关注是人才得以归心的重要原因。孙星衍甚至宣称"中丞移节我随牒，山翠湖光空满楼"，要跟随阮元的步伐，阮元去哪他也去哪。以诗为题也是诂经精舍的常态，阮元常亲自出题如"青草""夕阳""蝉"，乃至"题刘松年南宋中兴四将图"，以考查生徒们的学业。

　　诗赋在今人看来纯属艺术，未必能完全检验一个人的学识，但在八股文盛行的时代，不受行文规范与主题内容约束的诗歌，反而更能看出一个人在背诵之外的理解与思考。

杭州城内外的雅集之中，阮元最为中意的还是每年春天的皋亭赏桃。皋亭山位于杭州城北，是宋代文天祥与元军谈判之地，元代画家王蒙隐居之所。这里的赏桃之风由来已久，早在清初的《湖壖杂记》中就将其与西溪之梅、河渚之芦花并称。因桃花种植规模庞大而有绛雪的美名。当时的杭州人前往皋亭山观桃，从城中坐船争相从水门而去，俨然有全城出动之势。

阮元作为体察民情的地方官，亦不可免俗。只是比起老百姓的"乘船、赏桃、买泥猫"三部曲，阮元玩的是另一个三部曲——游山、宴集、赋诗。每当桃花盛开，他就会邀请士子与学人一同前往皋亭修禊。桃花多在农历三月开放，被视为代表三月的花卉，而三月又有上巳节，著名的兰亭宴集发生的时间。由是桃花便与文人雅集之间有了在节令上的关联。

阮元多次在上巳前后桃花开时邀请陆耀遹、蒋征蔚、陈文述、吴文傅、孙韶、程邦宪、许珩、黄文旸等名士于皋亭修禊。他只要有空都会亲自参与这项活动，分别在嘉庆三年（1798）、嘉庆五年（1800）、嘉庆八年（1803）、嘉庆九年（1804）亲临诗会。嘉庆十年（1805），他实在无法抽身前来，便托弟弟阮亨，邀朋友前往踏青观桃。之后，大家还把作的诗上交给阮元看。

嘉庆五年的皋亭修禊就发生在上巳当日。从陈文述所作的《庚申上巳云台师偕同诸人于皋亭山修禊作图纪事》来看，当天不仅有诗会，还有画工绘卷记录这场宴集。阮元钦点的陈团扇不愧是入门弟子，最懂大人的心思。"迎眸山色一痕青，修禊人来画舫停。一种桃花与修竹，皋亭原不让兰亭。"一语道破了阮元想让皋亭修禊比拟永和九年（353）兰亭修禊的用心。

同在现场的孙韶也是人精，写下："我愧羊刘诗后成，如陪羲献会兰亭。兰亭禊后皋亭禊，修竹桃花万古情。"原来当天阮元的父亲阮承信也在场，阮元是侍奉父亲赏花。孙韶将阮家父子比作王羲之、王献之父子，将皋亭修禊抬到比肩兰亭修禊的位置，其意不言自明。

看似诗歌的创作已经到了无处可落笔的绝境，但要论拍马屁，还属陈团扇更胜一筹。"花下亲扶杖履来，花簪华发笑颜开。羽觞浮向桃花水，都与先生作寿杯。"当天或接近阮元父亲的生辰，阮元扶着老父行走于花下为他簪花，曲水流觞中的酒杯则漂浮在落满花瓣的流水上，满载的是向老人祝寿的心意。

阮元心怀百年树人、桃李天下的蓝图。当时他任浙江巡抚已有三年。皋亭的桃花已成云海之势，陈文述却言被阮元优遇的士人与诂经精舍惠及的学子比皋亭的桃李还多，力陈其育人的功德。

可能是因为陈文述代他歌颂了理想，也可能是因为有图卷留存记忆深刻，这年的皋亭修禊在阮元的心中有着别样的位置。嘉庆九年（1804）二月，再一次从皋亭赏春归来，意犹未尽的阮元重新打开这幅同人《看花图》，旋即赋诗："万花虽极妍，为此颇伏厌。乃知岁寒姿，尽与春风涉。春风易为色，岁寒畴不慑。"

子曰："岁寒，然后知松柏之后凋也。"只有在天寒地冻、万物凋零的时候，才能注意到松柏在风雪之中坚毅的身姿。而阮元从万紫千红的春日之中领悟到了岁寒之姿与春风之间的关系，正因为冬去之后便是春来，只要春风来临，万物便能重新生长，所以才能不惧岁寒之气。古代文学中对植物的赞颂便是诗人对自身理想的歌唱，只有经过漫漫寒冬的沉淀，才能迎接春天的万山红花。

嘉庆八年（1803）正月二十日，正逢阮元四十岁生日，他写下《白发诗》一首，其中有这么几句："生日同白公，恐比白公羸。百事役我心，所劳非四肢。学荒政也拙，时时惧支离。宦较白公早，乐天较公迟。我复不能禅，尘俗日追随。何以却老病，与公商所治。"

阮元的生日与白居易是同一天，他虽然自谦难以望白公之项背，却也是以白公的政绩与理念为人生理想。二人在杭州的治绩不相上下，若问有什么超越了白公的地方，那便是阮元在教育上的功绩成为封建社会的尾声中最后一抹耀眼的光彩。日后，从诂经精舍毕业的学子如章太炎等人为中国的历史开启了新的篇章。

桃花林中的皋亭修禊图卷未能留存于世，但另有一幅《皋亭云隐图》触发了这一次发生在春日的宴集得以传唱后世的契机。一日，一位名唤云公之人前往拜谒阮元的弟弟阮亨，携《皋亭云隐图》与他共赏。这幅颇有王蒙笔意的画作，让阮亨想到了多年前的皋亭修禊，遂检点旧日诗稿，刊印为《皋亭唱和集》，"留作山中故事，为将来重寻鸿爪之券"。

那是二百余年前，嘉庆二十年（1815）留下的泥上指爪，又被今人重新寻得。恍若陶渊明笔下的《桃花源记》所言："忽逢桃花林，夹岸数百步，中无杂树，芳草鲜美，落英缤纷。渔人甚异之，复前行，欲穷其林。

林尽水源，便得一山，山有小口，仿佛若有光。便舍船，从口入。初极狭，才通人。复行数十步，豁然开朗。"诗卷中，阮元与他爱重的文士们正怡然自乐，不知有汉，无论魏晋。

参考文献

1.〔唐〕白居易：《白居易集笺校》，朱金城笺校，上海古籍出版社，2020年。

2.〔唐〕陆羽：《茶经》，中华书局，2010年。

3.〔宋〕薛居正等：《旧五代史》，中华书局，1976年。

4.〔宋〕欧阳修：《新五代史》，中华书局，2015年。

5.〔宋〕林逋：《林和靖集》，浙江古籍出版社，2012年。

6.〔宋〕范仲淹：《宋本范文正公文集》，国家图书馆出版社，2017年。

7.〔宋〕梅尧臣：《宛陵先生文集》，北京图书馆出版社，2004年。

8.〔宋〕蔡襄：《端明集》，吉林出版集团出版社，2005年。

9.〔宋〕陈襄：《古灵先生文集》，北京图书馆出版社，2005年。

10.〔宋〕苏轼：《苏轼全集校注》，张志烈等校注，河北人民出版社，2010年。

11.〔宋〕米芾：《米芾集》，辜艳红点校，浙江人民美术出版社，2014年。

12.〔宋〕秦观：《淮海集笺注》，徐培均笺注，上海古籍出版社，1994年。

13.〔宋〕叶绍翁：《四朝闻见录》，中华书局，1989年。

14.〔宋〕陆游：《剑南诗稿校注》，钱仲联校注，上海古籍出版社，2015年。

15.〔宋〕杨万里：《杨万里集笺校》，辛更儒笺校，中华书局，2007年。

16.〔宋〕张镃：《南湖集》，吴晶、周膺点校，当代中国出版社，2014年。

17.〔宋〕程珌：《程端明公洺水集》，《宋集珍本丛刊》第71册，线装书局，2004年。

18.〔宋〕潜说友:《咸淳临安志》,浙江古籍出版社,2012年。

19.〔宋〕周密:《武林旧事》(插图本),李小龙、赵锐评注,中华书局,2007年。

20.〔宋〕周密:《齐东野语》,黄益元校点,上海古籍出版社,2012年。

21.〔宋〕周密:《癸辛杂识》,王根林校点,上海古籍出版社,2012年。

22.〔宋〕戴表元:《戴表元集》,陆晓冬、黄天美点校,浙江古籍出版社,2014年。

23.〔元〕张雨:《张雨集》,彭万隆点校,浙江古籍出版社,2015年。

24.〔明〕郎瑛:《七修类稿》,上海书店出版社,2001年。

25.〔明〕田汝成:《西湖游览志》,尹晓宁点校,上海古籍出版社,2017年。

26.〔明〕高濂:《遵生八笺》,王大淳点校,浙江古籍出版社,2017年。

27.〔明〕高濂等:《四时幽赏录(外十种)》,上海古籍出版社,1998年。

28.〔明〕冯梦祯:《快雪堂日记》,丁小明点校,凤凰出版社,2010年。

29.〔明〕汪汝谦:《不系园集》,《武林掌故丛编》本,《杭州文献集成》第1册,杭州出版社,2014年。

30.〔明〕张岱:《陶庵梦忆 西湖梦寻》,栾保群点校,浙江古籍出版社,2012年。

31.〔清〕吴任臣:《十国春秋》,中华书局,2010年。

32.〔清〕古吴墨浪子:《西湖佳话》,邵大成校注,浙江文艺出版社,1985年。

33.〔清〕林以宁:《墨庄诗钞》,清康熙年间刻本,国家图书馆藏。

34.〔清〕吴修:《复园红板桥诗》,《武林掌故丛编》本,《杭州文献集成》第4册,杭州出版社,2014年。

35.〔清〕鄂敏：《西湖修禊诗》，《武林掌故丛编》本，《杭州文献集成》第 1 册，杭州出版社，2014 年。

36.〔清〕袁枚：《小仓山房诗文集》，上海古籍出版社，2006 年。

37.〔清〕袁枚：《随园女弟子诗选》，《随园全集》，新文化书社，1935 年。

38.〔清〕阮元：《两浙金石志》，浙江古籍出版社，2012 年。

39.〔清〕阮亨：《皋亭倡和集》，《武林掌故丛编》本，《杭州文献集成》第 12 册，杭州出版社，2014 年。

40.〔清〕丁丙:《武林坊巷志》,浙江古籍出版社,2018年。

41.《西湖文献集成》第 2 册《宋代史志西湖文献专辑》，杭州出版社，2004 年。

42.《西湖文献集成》第 3 册《明代史志西湖文献专辑》，杭州出版社，2004 年。

43.《西湖文献集成》第 21 册《西湖山水志专辑》，杭州出版社，2004 年。

44.《西湖文献集成》第 22 册《西湖寺观志专辑》，杭州出版社，2004 年。

45.《西湖文献集成》第 23 册《西湖寺观志专辑》，杭州出版社，2004 年。

46.《西湖文献集成》第 24 册《西湖寺观志专辑》，杭州出版社，2004 年。

47.《西湖文献集成》第 26 册《西湖诗词曲赋楹联专辑》，杭州出版社，2004 年。

48.《西湖文献集成》第 27 册《西湖诗词曲赋楹联专辑》，杭州出版社，2004 年 。

49.唐圭璋：《全宋词》，中华书局，2005 年。

50.陈文锦：《白居易西湖诗全璧》，西泠印社出版社，2013 年。

51.于北山：《陆游年谱》，上海古籍出版社，2017 年。

52.于北山:《杨万里年谱》,于蕴生整理,上海古籍出版社,

2006年。

53. 曾维刚：《张镃年谱》，人民出版社，2010年。

54. 刘静：《周密研究》，人民出版社，2012年。

55. 张春晓：《贾似道及其文学交游研究》，崇文书局，2017年。

56. 张鉴：《阮元年谱》，中华书局，1995年。

57. 彭万隆、肖瑞峰：《西湖文学史（唐宋卷）》，浙江大学出版社，2013年。

58. 许力、韩天雍、邵群：《西湖摩崖萃珍一百品》，杭州出版社，2019年。

59. 陈振濂：《西泠印社百年史料长编》，西泠印社出版社，2003年。

60. 薄传沙：《鲜于枢的交游与书法艺术研究》，硕士学位论文，山东师范大学，2015年。

61. 刘源：《随园女弟子考论》，硕士学位论文，南京师范大学，2013年。

62. 张玲：《〈西湖修禊诗〉与清士人心态研究》，硕士学位论文，吉首大学，2019年。

63. 赵婧：《陈文述研究》，硕士学位论文，上海大学，2019年。

64. 王怡：《湖楼请业图研究》，硕士学位论文，西安美术学院，2015年。

65. 张瑜：《阮元文学创作研究》，博士学位论文，陕西师范大学，2015年。

66. 黄雅琼：《江户初期的独立性易与东皋心越——以与日本文人交游为中心》，硕士学位论文，江西师范大学，2019年。

丛书编辑部

艾晓静　包可汗　安蓉泉　李方存　杨　流
杨海燕　肖华燕　吴云倩　何晓原　张美虎
陈　波　陈炯磊　尚佐文　周小忠　胡征宇
姜青青　钱登科　郭泰鸿　陶文杰　潘韶京
（按姓氏笔画排序）

特别鸣谢

王其煌　邵　群　洪尚之　张慧琴（系列专家组）
魏皓奔　赵一新　孙玉卿（综合专家组）
夏　烈　郭　梅（文艺评论家审读组）

图片作者

于广明　王嫣然　苏庆丰　张　煜　张国栋
周兔英　姚建心　韩　盛　鲁　南（按姓氏笔画排序）